Au Nom
d'ALLAH
le Miséricordieux, le Compatissant

Le Décret divin et la Prédestination

- Titre: ***Le Décret divin et la Prédestination***
- Auteur: Dr Omar S. AL-ACHQAR
- Traducteur: Abdelkarim KENDOUS
- Edition Française 1ère édition - 2007
- Mise en page: Hicham Challah
- Cover Design: Samo Press Group
- Filming: Samo Press Group

LA FOI ISLAMIQUE - **8**

à la lumière du Coran et de la Sunna

Le Décret divin et la Prédestination

القضاء والقدر

Dr Omar Souleiman AL-ACHQAR

Traduit par:
Abdelkarim KENDOUS

INTERNATIONAL ISLAMIC PUBLISHING HOUSE

King Fahd National Library Cataloging-in-Publication Data

Al-Ashqar, Umar S.
Le Décret divin et la Prédestination ./ Umar S. Al-Ashqar; translated by Abdelkarim Kendous ., - Riyadh, 2007

...p ; 22 cm, - (Serie: La Foi islamique / 8)

ISBN Hard cover: 9960-9748-5-5

1- Islamic creed 2- Predestination
I-Abdelkarim Kendous (translator) II-Title III-Series

240 dc 1427/1686

Legal Deposit no. **1427/1686**
ISBN Hard Cover: **9960-9748-5-5**

AL-ACHQAR, Omar S.
Le Décret divin et la Prédestination ./ Omar S. AL-ACHQAR; Traduit par Abdelkarim KENDOUS ., - RIYADH, 2007

(Série: la Foi islamique / 8)

1- Islam 2- Foi islamique 3- Le Décret divin 4- Prédestination
I-Abdelkarim KENDOUS (traducteur) II- Titre III- Série

International Islamic Publishing House (IIPH)
P.O.Box 55195 Riyadh 11534, Saudi Arabia
Tel: 966 1 4650818 – 4647213 – Fax: 4633489
E-Mail: iiph@iiph.com.sa – iiphsa@gmail. com
www.iiph.com.sa

PREFACE

Louange à Allah qui nous a guidés dans le droit chemin, nous a comptés parmi ceux qui Lui obéissent et nous a honorés par l'Islam. Je prie sur le Dernier de ses Messagers et de ses prophètes, qui a transmis le Message, accompli la Mission, guidé la Nation et lutté pour la cause d'Allah jusqu'à ce que la certitude lui soit parvenue de son Seigneur. Que le salut et la bénédiction d'Allah soient sur lui ainsi que sur sa Famille et ses Compagnons.

Ce livre est le dernier d'une série que j'avais entamée, il y a dix ans. Je loue Allah qui m'a aidé à l'achever et je prie pour qu'Il accepte mon travail et me réserve sa récompense le Jour de Sa rencontre, comme Il m'a aidé à le parachever durant ma vie.

Mon Seigneur m'a honoré par le succès que cette série a réalisé auprès des lecteurs, et je souhaite qu'Allah accepte mon travail et soit satisfait de mon œuvre en me comblant de Ses bienfaits et en me pardonnant toute erreur et tout manquement dans ce travail. J'espère que les lecteurs de cette série prient Allah pour qu'il pardonne les erreurs et les péchés de l'auteur de cet ouvrage.

Les lecteurs ont tant attendu la publication de ce livre qui a été retardée par d'autres tâches et des préoccupations qui m'empêchaient de le terminer. Allah a voulu que je trouve le temps suffisant pour rédiger ce livre. J'avais auparavant tenté de l'écrire, mais j'étais pris par l'hésitation et la peur de m'aventurer dans une telle tâche délicate où d'autres, plus intelligents que moi, sont tombés dans l'erreur et l'aberration.

Ce thème a été et demeure l'un des plus délicats de tous les sujets traités auparavant. Tant de gens égarés ont choisi le chemin de l'erreur en traitant de la Prédestination, et d'autres, croyant bien faire, se sont trouvés dans l'impasse et tombés victimes de la confusion.

Le savant Ibn Al-Qayim dit dans la préface de son ouvrage *Le remède du malade des questions du Décret Divin, de la Prédestination, de la finalité et de la causalité:*

"Les sages ont emprunté tout chemin pour traiter cette question; ils ont usé de toutes les méthodes, simples ou compliquées, et choisi parfois les plus difficiles des voies pour tenter de savoir plus sur ce sujet, déchiffrer ses codes et aboutir à la vérité. Le sujet a été traité dans le passé comme dans le présent, et les différents courants et groupes de quelque tendance qu'ils soient l'ont étudié. Plusieurs livres ont été rédigés et tout le monde a donné son avis sur le sujet. Ils ont tous visé la Vérité: certains se sont posé la question en solo, d'autres ont opté pour le colloque, mais chacun a pris une position qu'il a considérée étant la seule vérité.

Hormis ceux qui sont restés attachés aux Révélations, ils ont tous dévié de la bonne voie et se sont retrouvés dans l'impasse. Ils ont tous passé en revue théorie après théorie et choisi les plus erronées. Ils se sont contentés du savoir inutile qui ne rassasie pas la faim, et ont préféré les idées qu'ils ont cru pouvoir leur révéler la vérité, alors qu'ils avaient les Révélations divines et les Textes préservés devant eux et à portée de leurs mains. Ils ressemblent à celui qui croit que toute boisson est une eau pure, et ils demeurent ainsi assoiffés, appelant à la juste voie d'un lieu lointain. Ils sont joyeux dans l'égarement et satisfaits par l'aberration. Ils ont pris l'hérésie pour la juste voie de laquelle ils ont dévié."

Je me suis rendu compte de la crédibilité des propos d'Ibn Al-Qayim et sa justesse après avoir étudié les théories et les idées de ceux qui ont traité du sujet, soit dans le passé soit au présent. J'ai eu peur de m'aventurer dans le sujet. Cependant, le désir d'achever cette série et l'insistance de ceux qui cherchent à savoir davantage m'ont poussé à rédiger et publier ce livre.

J'ai prié Allah pour qu'Il m'aide dans cette tâche et entamé l'exécution du projet avec prudence en prenant pour exemple les savants connus pour leur droiture et leur savoir. C'est pour cette raison que j'ai tant de fois recours à leurs textes dans ce livre dans le but de rester sur la terre ferme et d'éviter toute déviation de la voie des croyants. Les versets coraniques et les Hadiths du Messager d'Allah (ﷺ) ont été les lumières qui ont éclairé la voie que j'ai empruntée et le domaine que j'ai traité. Allah est le meilleur Assistant et il n'y a de force et de puissance qu'en Allah. J'espère que les savants corrigent toute erreur dans laquelle je pourrais tomber et combler toute lacune que ce livre risquerait de contenir.

En plus de la préface, ce *livre* se compose de *sept chapitres:*

Dans le ***chapitre premier***, j'ai démontré le devoir de croire dans la Prédestination divine et rappelé que cette croyance est l'une des conditions de la foi.

Le ***chapitre II*** a été réservé à l'historique de la foi en matière de Prédestination.

Le ***chapitre III*** traite de la définition de la Prédestination et de ses piliers. Il est divisé en *quatre sections*. La *première section* définit la Prédestination, alors que la *deuxième* détermine la signification du Décret Divin en démontrant son rapport avec la Prédestination. La *troisième*, quant à elle, cite les piliers de la croyance en la Prédestination et démontre que la foi ne se complète qu'avec elle. La *quatrième*, enfin, donne les preuves sur le fait que les actes des êtres humains sont prédestinés et déterminés par Allah le Tout-Puissant. J'ai appuyé ces preuves par un grand nombre de textes du Livre Saint et de la Sunna.

Le ***chapitre IV*** de ce livre démontre les limites de l'entendement humain sur la question de la Prédestination: ce que l'on peut concevoir et ce qui est au-dessus de notre entendement sur cette question.

Le ***chapitre V*** passe en revue les différents courants en matière de Prédestination et se compose de *trois sections*.

La ***première section*** traite de ceux qui nient la Prédestination, leurs courants et leurs théories erronées. Il contient aussi les colloques des savants avec ce groupe, les soi-disant preuves qu'ils présument appuyer leur doctrine, preuves qui ne sont que des arguments spécieux qui demeurent loin de la vérité et disparaissent devant la foi en Allah. La *deuxième* est réservée à la doctrine qui a été derrière l'égarement de la nation et la paralysie de leur raison, leur volonté et leur action. C'est la doctrine qui a dispersé les énergies et endossé la perte de la nation pour le compte des ennemis de l'Islam: la doctrine du qadarisme déterministe qui a incité à l'abandon du travail sous prétexte que tout est prédestiné. J'ai démontré l'aberration de leurs théories dans sept sous-chapitres. La *troisième*, enfin, explique la doctrine sunnite et se compose de trois sous-sections dont chacune contient la position d'au moins un savant sunnite en matière de Prédestination.

Le ***chapitre VI*** explique les causes de l'égarement des gens en matière de Prédestination.

Le ***chapitre VII***, enfin, donne les fruits de la croyance en la Prédestination.

J'implore le Tout-Puissant d'éclairer la voie devant moi pour que je réussisse à mieux expliquer ce principe fondamental et je L'implore aussi pour que ce travail soit utile à Ses serviteurs. Il est l'Excellent Maître et l'Excellent Protecteur.

Dr Omar Souleiman AL-ACHQAR

CHAPITRE PREMIER

CROIRE EN LA PREDESTINATION, UN PRINCIPE FONDAMENTAL DE LA FOI

La croyance en la Prédestination est un principe fondamental de la foi qui ne se complète qu'avec sa réalisation. Dans les Hadiths authentiques de Muslim, Omar Ibn Al-Khattab rapporta que le Messager d'Allah (ﷺ) répondit à une question de l'Archange Gabriel (عليه السلام) sur la foi, en disant:

«C'est la foi en Allah, Ses Anges, Ses Livres et Ses Messagers et la croyance en la Prédestination que ce soit un bien ou un mal.»

Gabriel (عليه السلام) lui dit: tu as raison. Les Textes qui se rapportent à la Prédestination d'Allah et ordonnent la croyance en la Prédestination sont multiples. Parmi ces textes, les versets suivants:

﴾Nous avons créé toute chose avec mesure﴿ *[Coran 54: 49]*

﴾Le Commandement d'Allah est un décret inéluctable﴿ *[Coran 33: 38]*

﴾Mais il fallait qu'Allah accomplît un ordre qui devait être exécuté﴿ *[Coran 8: 42]*

﴾Et qui a créé toute chose en lui donnant ses justes proportions﴿ *[Coran 25: 2]*

﴾Glorifie le nom de ton Seigneur, le Très-Haut, Celui qui a créé et agencé harmonieusement, qui a décrété et guidé﴿ *[Coran 87: 1-3]*

Muslim rapporta selon un récit de Taous qui dit: “J’ai rencontré des Compagnons du Messager d’Allah (ﷺ) qui disent: toute chose est avec mesure. J’ai aussi entendu Abdallah Ibn Omar dire: toute chose est avec mesure, même la faiblesse et la puissance - *ou* la puissance et la faiblesse.”*(Muslim)*

Muslim rapporta aussi qu’Abou Horaïra dit: des incroyants de Qoraïch vinrent discuter avec le Prophète (ﷺ) de la question de la Prédestination, alors Allah (سبحانه وتعالى) révéla le verset:

﴾Le jour où on les traînera dans le Feu sur leurs visages, on leur dira: goûtez au contact de *Saqar [la chaleur brûlante de l’Enfer]*. Nous avons créé toute chose avec mesure﴿ *[Coran 54: 48-49]*

Les Textes relatifs à cette question sont nombreux et démontrent tous l’omniscience, l’omnipotence, la volonté absolue et la création d’Allah (سبحانه وتعالى) - preuves de Sa Prédestination. La Prédestination implique donc la foi dans l’omniscience, la volonté absolue et la création d’Allah (سبحانه وتعالى), comme nous le verrons plus tard.

Selon les propos d’Al-Râghib Al-Isfahani, rapportés par Ibn Hajar Al-‘Asqalani, la Prédestination indique l’omnipotence *(...)*. (*Fat’h Al-Bâri*)

Allah (سبحانه وتعالى) le Tout-Puissant a l’omnipotence absolue, Sa puissance n’est pas limitée et l’omnipotence est l’une de Ses Qualités, d’où Ses Noms Nobles: le Capable, l’Omnipotent et le Puissant.

Le Capable est l'attribut qui vient de la capacité. L'Omnipotent qualifie celui qui peut tout faire à volonté et selon le but, sans excès ni défaut. Ainsi il n'est pas permis d'utiliser une telle qualité que pour désigner Allah (ﷻ). Allah (ﷻ) dit:

﴿Il est certes Omnipotent﴾ *[Coran 46: 33]*

La puissance de l'Omnipotent désigne la qualité de celui qui a la capacité absolue de tout faire par ses propres moyens et sans recours à une force extérieure. Ainsi cette qualité peut être considérée comme étant supérieure au capable. Allah (ﷻ) dit:

﴿Dans un séjour de vérité, auprès du souverain Omnipotent﴾ *[Coran 54: 55]*

L'imam Ahmed (qu'Allah l'ait en Sa miséricorde) répondait à une question sur la Prédestination en disant: la Prédestination est l'omnipotence d'Allah.

Ibn Al-Qayim dit: l'imam Ahmed a dit que la Prédestination est l'omnipotence d'Allah. Ibn 'Aqîl a soutenu cette affirmation en disant: ceci indique l'exactitude d'Ahmed et l'étendue de son savoir dans le domaine des principes fondamentaux de la religion. Et comme le dit Abou Al-Wafa, nier la Prédestination, c'est nier l'omnipotence d'Allah et sa capacité de créer les actes des gens, de les écrire et de les prédestiner.

Ainsi, ceux qui nient la Prédestination, nient en vérité l'omnipotence d'Allah.

Ibn Taymiya (qu'Allah l'ait en Sa miséricorde) dit: "Celui qui nie les croyances de nos Ancêtres *(Salaf)* infirme l'omnipotence d'Allah (ﷻ), et, par conséquent, Son pouvoir de tout faire. Celui-là suit alors les doctrines Jahmites, Mu'tazilites déterministes et négatrices qui disent qu'Allah n'est pas Omnipotent et n'a pas toute la souveraineté. Le souverain doit être omnipotent ou ayant la souveraineté - car la souveraineté, c'est ou l'omnipotence, ou l'objet de la puissance. Et dans tous les cas, l'omnipotence est une condition *sine qua non*: celui qui n'a pas la véritable omnipotence n'a pas la souveraineté.

Ceux qui ont nié la Prédestination nient automatiquement l'Unicité d'Allah (ﷻ) le Tout-Puissant. Ceux-là disent que celui qui a créé le bien n'a pas créé le mal, et ils disent aussi que les péchés commis ne sont pas un acte de la volonté d'Allah (ﷻ), et disent: peut-être qu'Allah (ﷻ) ignore ces péchés. Les négateurs disent que tous les actes des animaux ne sont pas l'œuvre d'Allah (ﷻ),niant ainsi sa volonté absolue et son omnipotence qui n'exclut aucun élément.

Pour cette raison, Ibn Abbas dit: "la Prédestination est le système du monothéisme; celui qui proclame l'Unicité d'Allah (ﷻ) et croit en la Prédestination, son monothéisme est achevé, mais celui qui a la foi dans l'Unicité d'Allah (ﷻ) et nie en même temps la Prédestination, entache son monothéisme et le contredit.'' (Les *Fatawa* d'Ibn Taymiya)

Les savants ont été unanimes à affirmer la vérité de la Prédestination et de la nécessité d'y croire. Il n'y a pas un seul savant sunnite, suivant le droit chemin, qui n'ait pas exigé cette croyance et réfuté les théories de ceux qui nient la Prédestination.

Dans son interprétation des Hadiths sur la Prédestination rapportés par Muslim, Nawawi (qu'Allah l'ait en Sa miséricorde) dit: "Dans tous ces Hadiths, nous trouvons les preuves tangibles qui servent aux Sunnites pour affirmer l'existence de la Prédestination et que tous les événements se produisent par la volonté d'Allah (ﷻ), que ce soit pour le bien ou pour le mal, *[ce qui est]* bénéfique ou *[ce qui est]* nuisible.'' *(Nawawi)*

Dans un autre chapitre de son ouvrage, il dit: "Les preuves tranchantes et claires provenant du Livre, de la Sunna, de l'ensemble des Compagnons et de tous les savants d'antan et contemporains affirment la Prédestination d'Allah le Tout-Puissant.'' *(Nawawi)*

Ibn Hajar (qu'Allah l'ait en Sa miséricorde) dit: la doctrine des ancêtres consiste à rapporter tout acte à la volonté d'Allah (سبحانه وتعالى), car Il (سبحانه وتعالى) dit:

> ﴿Et il n'est rien dont Nous n'ayons les réserves, et Nous ne le faisons descendre que dans une mesure déterminée﴾
>
> *[Coran 15: 21]*

CHAPITRE II

APERÇU SUR L'HISTOIRE DU QADARISME

La croyance en la Prédestination est un principe fondamental de la foi. Le Saint Coran et la Sunna ont démontré le concept de la Prédestination et le Messager d'Allah (ﷺ) a indiqué que l'action et le travail sont des aspects de la Prédestination et ne se contredisent pas avec elle. Il a aussi mis en garde sa nation contre ceux qui nient la Prédestination ou l'utilisent pour s'opposer à la *Chari'a* islamique.

Le Messager d'Allah (ﷺ) se mit en colère quand il entendit un jour ses Compagnons discuter de la Prédestination. Son visage devint rouge d'irritation et leur dit:

«Avez-vous reçu de tels Commandements? Suis-je envoyé à vous pour cela? Ceux qui existaient avant vous périrent quand ils se querellèrent sur cette question. Je vous commande de ne plus polémiquer sur ce sujet.» (Tirmidhi)

Les Compagnons (رضي الله عنهم) se soumirent au Commandement de leur Prophète et ses directives et, depuis, personne ne discuta de la question de la Prédestination pendant la vie du Prophète (ﷺ) et après sa mort.

Nous n'avons jamais entendu qu'un membre de la communauté musulmane a soulevé la question de la Prédestination du temps des califes orthodoxes: Abou Bakr (رضي الله عنه), Omar (رضي الله عنه) et Othmane (رضي الله عنه). Tout ce que nous savons, c'est que Abou 'Obada Ibn Al-Jarrah (رضي الله عنه) s'opposa à la décision d'Omar (رضي الله عنه) de ne pas conquérir la Syrie à la suite de la propagation de la peste dans ce pays. Il demanda à Omar Ibn Al-Khattab (رضي الله عنه): ô Commandeur des Croyants! Fuyez-vous la Prédestination d'Allah?

Omar (رضي الله عنه) dit: si seulement un autre que toi l'a dit, ô Abou 'Obeida! Effectivement, nous fuyons de la Prédestination d'Allah (سبحانه وتعالى) vers la Prédestination d'Allah (سبحانه وتعالى)! Vois-tu, si tu as des chameaux qui se sont dirigés vers une vallée à deux rives, l'une fertile et l'autre stérile: ne crois-tu pas que s'ils mangent dans le côté fertile, c'est par la volonté d'Allah (سبحانه وتعالى) et que s'ils vont vers le côté stérile, c'est aussi par la volonté divine. (Boukhari)

Al-Lâlikâ'i rapporta qu'Omar Ibn Al-Khattab (رضي الله عنه) s'adressa aux gens dans la région d'Al-Jabia, en Syrie, en présence de leur patriarche. Dans son discours, il dit: si Allah égare quelqu'un, personne ne le guidera vers le droit chemin. Il dit aussi: Allah n'égare personne. Quand il répéta cette dernière phrase, le patriarche s'agita et contesta les propos d'Omar (رضي الله عنه).

Après que l'interprète traduisit la contestation du patriarche, Omar (رضي الله عنه) s'exclama: tu mens, ô ennemi d'Allah! Allah t'a créé, Allah t'égare et Allah te périra et t'enverras en Enfer s'Il le veut. Allah (سبحانه وتعالى) a créé toute créature. Quand Il créa Adam (عليه السلام) et sa progéniture, Il établit ceux qui iront au Paradis et leurs actes et ceux qui iront en Enfer et leurs actes, et Il (سبحانه وتعالى) dit: *«Ceux-là sont voués au Paradis et ceux-là sont voués en Enfer»*. Ainsi les gens ont divergé, mais nullement sur la Prédestination divine. (Al-Lâlikâ'i)

Le premier qui a parlé de la Prédestination fut un homme de Bassora, du nom de Sansaweih, qui travaillait dans une épicerie. Al-

Awza'i dit: le premier qui discuta de la question de la Prédestination fut un homme d'Irak répondant au nom de Sawsan. Il était chrétien converti à l'Islam avant de retourner au christianisme. Il enseigna Ma'bed Al-Jouhani et ce dernier enseigna Gheilane.

Younes Ibn 'Abid dit: je me suis rendu à Bassorah et j'ai constaté qu'il n'y a de Qadarites *[partisans du libre arbitre]* que Sansawayh, Ma'bed Al- Jouhani et une autre personne maudite par Béni Awafa.

Muslim rapporta que Boraïda Ibn Yahia disait: le premier qui adopta le qadarisme à Bassora fut Ma'bed Al-Jouhani. Boraïda indiqua également que Ma'bed et ses partisans disaient qu'il n'y avait pas de Prédestination divine. *(Nawawi)*

Les Compagnons qui vivaient encore à cette époque, notamment Abdallah Ibn 'Amr (رضي الله عنه), Ibn Abbas (رضي الله عنه), Ibn Al-Asqa'e (رضي الله عنه), Jaber Ibn Abdallah (رضي الله عنه), Abou Horaïra (رضي الله عنه) et Anas Ibn Malek (رضي الله عنه), déclarèrent la guerre contre les négateurs de la Prédestination. La doctrine de Ma'bed fit tâche d'huile auprès des théoriciens mu'tazilites dont notamment Wâssil Ibn 'Ataa, 'Amr Ibn 'Obeid et Gheilane Ad-Dimachqi.

Wâssil Ibn 'Atâ, le père spirituel des Mu'tazilites, disait qu'il ne fallait pas attribuer la création du mal à Allah (سبحانه وتعالى), car Allah (سبحانه وتعالى) est sage et il ne voudrait certainement pas que ses serviteurs agissent contrairement à Ses Commandements. Il n'est pas non plus valable de dire qu'Allah (سبحانه وتعالى) impose des règles aux gens, puis les châtie ensuite.

Il affirma que le serviteur est responsable du bien et du mal, de la foi et de l'incroyance, de l'obéissance et du péché. Il est alors susceptible au châtiment. Allah (سبحانه وتعالى) le Tout-Puissant l'a rendu capable de faire tout cela.

La doctrine mu'tazilite a également assumé qu'Allah (﷾) ne peut pas être qualifié d'avoir le pouvoir de créer le mal et les péchés, car ils ne constituent pas une partie de Son omnipotence.

Nos savants ont appelé ce groupe les Qadarites *[partisans du libre arbitre]*, car ils ont donné au serviteur le pouvoir de créer l'acte, indépendamment de la volonté d'Allah (﷾), et ils ont nié que les choses découlent de la volonté divine. Ceux-là et tous ceux qui les ont suivis ont également appelé leurs adversaires, les Sunnites, du même nom. Ils leur dirent: c'est vous qui êtes qadarites, car vous dites que toute chose se réalise par la volonté d'Allah (﷾), c'est vous donc qui doivent porter ce nom. *(Ibn Al-Athir)*

Dans son interprétation des Hadiths authentiques de Muslim, Nawawi dit que certains Qadarites disent: nous ne sommes pas des Qadarites; c'est vous qui l'êtes, car vous confirmez la Prédestination en toute chose...

Ibn Qoteiba et l'imam Al-Jouweini disent: il s'agit d'une manœuvre de ces ignorants et d'une falsification, car les gens du droit chemin se remettent à Allah (﷾) et attribuent la Prédestination et les actes au Pouvoir d'Allah (﷾), tandis que ces ignorants les attribuent à eux-mêmes. Or, celui qui s'attribue le pouvoir d'une chose est plus digne de porter le titre de l'affiliation de cette celle-ci que celui qui refuse une telle attribution. *(Nawawi)*

Le Messager d'Allah (ﷺ) a qualifié les Qadarites *[partisans du libre arbitre]* de mazdéens de cette Nation *[musulmane]*. Le Hadith rapporté par Abou Daoud dans son épilogue des Hadiths authentiques de Boukhari et Muslim, est bien fondé à condition que le récit de Hazim l'ait bien transmis d'Ibn Omar (رضي الله عنه).

La raison derrière l'appellation de ce groupe de mazdéens de la nation est due au fait qu'ils ont adopté les principes des mazdéens dans l'origine dualiste de l'existence: la lumière et les ténèbres. Ils prétendent que le bien est un acte de la lumière et le mal découle des ténèbres. Ils ont alors adopté le dualisme. Aussi les Qadarites attribuent-ils le bien à Allah (ﷻ) le Tout-Puissant, et le mal à un autre. Allah (ﷻ) le Tout-Puissant est cependant le créateur du bien et du mal, et rien ne se réalise sans Sa volonté. Ces deux éléments sont du ressort du Tout-Puissant, que ce soit de leur création ou de leur existence. Pour ceux qui en font usage, c'est-à-dire les serviteurs d'Allah (ﷻ), ils constituent un acte et une acquisition. *(Nawawi)*

Vers la fin de l'ère omeyyade, un groupe émergea par une nouvelle interprétation en disant que l'homme est astreint dans ses actes et qu'il n'a pas le choix de faire ce qu'il fait ou ce qu'il abandonne. Certains disent même, que l'homme n'a aucune action déterminante. Le premier qui a appelé à cette doctrine fut Al-Jahm Ibn Safwan.

De cette mauvaise innovation *(bid''a)* sont nés d'autres propos qui se caractérisaient par une aberration sans précédent et un grand égarement. *(Ibn Taymiya)*

Cette interprétation se propagea à travers la nation islamique et un grand nombre de gens, voire des soufis, l'adoptèrent. Si le premier groupe fut qualifié de mazdéens, ce nouveau groupe était plus proche des incroyants polythéistes qui disent:

> ﴾Si Allah avait voulu, nous ne lui aurions pas donné des associés, nos ancêtres non plus et nous n'aurions *[mensongèrement]* rien déclaré d'illicite﴿ *[Coran 6: 148]*

Ce groupe est encore plus malfaisant que le premier, car les Qadarites ont donné un statut supérieur aux commandements et aux interdits et excluent de la création d'Allah (ﷻ) les actes des hommes, alors que ce dernier groupe a confirmé la volonté d'Allah (ﷻ), mais l'a utilisée comme prétexte pour abroger les commandements et les interdits.

CHAPITRE III

DEFINITION DU DECRET DIVIN ET DE LA PREDESTINATION

SECTION PREMIERE

DEFINITION DE LA PREDESTINATION

La Prédestination est un terme qui signifie le savoir préalable et le décret qui existe depuis toujours. Allah (ﷻ) le Tout-Puissant décréta le sort des créatures et des choses avant leur existence. Allah a toujours su que ces choses doivent avoir lieu à un temps bien déterminé et connu de Lui. Elles se produisent alors avec la mesure qu'il a décrétée.

Ibn Hajar dans sa définition: la Prédestination veut dire qu'Allah (ﷻ) le Tout-Puissant connaît le sort de toute chose et le temps de sa réalisation avant qu'elle n'existe. Il créa alors ce que Son savoir contient. Toute existence découle donc de Son Savoir, de Son Omnipotence et de Sa Volonté.

Selon Safârini, les Ach'arites disent que: la Prédestination consiste à ce qu'Allah (ﷻ) le Tout-Puissant crée les choses avec mesure et avec des qualités propres bien déterminées conformément au Savoir et à l'Ecriture divins préalables.

Ces définitions sont presque similaires et se concordent sur deux faits:

Le premier: l'Omniscience éternelle d'Allah (ﷻ) qui a décrété l'existence de ce qu'il veut qu'il existe et qui détermine les qualités des créatures qu'il veut qu'elles existent. Il a écrit tout cela sur la "Tablette préservée''. La terre et les cieux ont leurs proportions, leurs dimensions et la nature de leur formation et ce qui existe entre eux et sur eux. En bref, tout ce savoir est écrit sur la «Tablette préservée» avec précision.

Le deuxième: la création par Allah (ﷻ) de toute chose dont Il a décrété l'existence selon Son savoir et Ses écritures préalables de façon à ce que la chose existe en conformité avec le savoir éternel.

La Prédestination signifie donc le décret préalable découlant du savoir d'Allah (ﷻ) et signifie aussi l'existence des choses en conformité avec ce savoir.

On demanda à l'imam Chafi'i sa définition de la Prédestination, il répondit:

Ce que Tu veux se réalise même si je ne le veux pas,
Et ce que je veux ne se réalise pas si Tu ne le veux pas.
Tu as créé les êtres humains de Ton omniscience,
Et c'est dans Ton savoir que le jeune et le vieux vivent.
Tu as élevé celui-ci à un haut niveau et Tu as abandonné celui-là.
Tu as aidé celui-ci et Tu n'as pas aidé celui-là.
Il y en a ceux qui sont misérables et ceux qui sont heureux,
Ceux qui sont laids et ceux qui sont beaux.

SECTION 2

DEFINITION DU DECRET DIVIN

Le décret, dans la langue arabe, signifie décréter et juger. Ce terme a été mentionné dans plusieurs Hadiths du Messager d'Allah (ﷺ) et prend en général le sens de la création. Az-Zouhri dit: "La Prédestination dans la langue se comprend à différents niveaux - elle signifie l'achèvement d'une tâche, le décret, l'accomplissement, l'exécution, le jugement et la fin."

Pour les savants, la distinction entre le Décret Divin et la Prédestination se fait à deux niveaux:

Le premier: le Décret Divin est le savoir préalable et éternel jugé par Allah (ﷻ). La Prédestination est la création qui se réalise selon le décret préalable. Ibn Hajar Al-'Asqalani dit: les savants disent que le Décret Divin est le Décret absolu et global dans l'éternité. Alors que la Prédestination constitue le détail de ces décrets et ces particules. Ils disent aussi: le Décret divin est le décret des principes universaux dans leur globalité éternelle, alors que la Prédestination est le décret de la réalisation des composants de ces principes universaux dans leurs détails.

Le deuxième: contrairement à la définition précédente, la Prédestination est le décret préalable et le Décret Divin est l'acte de création.

Ibn Battal dit: le Décret Divin est la création. Al-Khattabi se rallie à cette interprétation quand il dit: la Prédestination est le terme qui s'applique à ce qui découle de l'acte de l'Omniscient telles la destruction, la propagation et la retenue.

Le Décret Divin veut donc dire la création, car Allah (ﷻ) dit: ﴾Il décréta d'en faire sept cieux en deux jours﴿ *[Coran 41: 12]*

Le sens du décret ici est la création: Il créa les cieux en deux jours.

Partant de ce sens, on peut donc dire que le Décret Divin est plus spécifique que la Prédestination, car c'est un jugement entre deux dispositions. La Prédestination est donc une disposition et le Décret Divin est le Décret ou le Jugement final.

Cette interprétation tire sa crédibilité de plusieurs versets du Saint Coran. Allah (ﷻ) dit:

﴿C'est une affaire déjà décidée﴾ *[Coran 19: 21]*

﴿Car il s'agit là pour ton Seigneur d'une sentence irrévocable﴾ *[Coran 19: 71]*

﴿Lorsqu'Il décide une chose, Il dit seulement: «Sois», et c'est﴾ *[Coran 2: 117]*

Le Décret Divin et la Prédestination - selon cette interprétation - sont deux éléments inséparables et corrélatifs, l'un ne pouvant exister sans l'autre. La Prédestination constitue la base et le Décret Divin est l'édifice, et celui qui cherche à les séparer vise, en vérité, à détruire cette construction. *(Ibn Al-Athir)*

SECTION 3

LES FONDEMENTS DE LA CROYANCE EN LA PREDESTINATION

La croyance en la Prédestination repose sur quatre fondements. Celui qui reconnaît ces fondements, sa croyance est accomplie et totale, mais celui qui conteste l'un d'eux, sa croyance demeure incomplète. Les quatre fondements de cette croyance sont:

Le premier fondement: la croyance à l'omniscience d'Allah.

Le deuxième fondement: la croyance que tout est écrit par Allah (ﷻ) sur la "Tablette préservée" *(Lawh mahfoûdhe)* sur toutes les créatures jusqu'au jour de la Résurrection.

Le troisième fondement: la croyance à la volonté accomplie d'Allah (ﷻ) et Son omnipotence absolue. L'existence et le néant sont le résultat de Sa volonté.

Le quatrième fondement: Allah (ﷻ) crée, à Lui seul, toutes les créatures et Il n'a pas d'associé dans sa création.

Dans les pages suivantes, nous allons analyser ces fondements dans le détail.

1er fondement: La croyance à l'omniscience d'Allah

Le Livre Saint d'Allah (ﷻ) et la Sunna de son Messager (ﷺ) ont décidé à plusieurs reprises ce principe fondamental. L'omniscience du Tout-Puissant inclut toute chose. Il a le Savoir de ce qui fut et de ce qui sera, de ce qui n'a pas été et comment il sera s'il vient à exister. Il a le savoir de l'existence et du néant, du possible et de l'impossible.

Il a la connaissance de tout ce qui concerne l'ensemble des humains: leurs sorts, leurs vies, leurs conditions, leurs mouvements, leurs inerties, leur misère et leur bonheur. Il sait lesquels iront au Paradis et lesquels iront en Enfer, avant même leur création et celle de la terre et des cieux.

Tout cela se déroule selon Son décret - Il est le Tout-Puissant - et selon Sa volonté, car il est l'Omniscient, le Connaisseur, l'Audient et le Clairvoyant. Allah (ﷻ) dit:

﴿C'est Lui Allah. Nulle divinité autre que Lui, le Connaisseur de l'Invisible tout comme du visible﴾

[Coran 59: 22]

Il (﷾) dit aussi:

﴾Afin que vous sachiez qu'Allah est en vérité Omnipotent et qu'Allah a embrassé toute chose de *[Son]* savoir﴿

[Coran 65: 12]

Il (﷾) dit aussi:

﴾*[Mon Seigneur]* le Connaisseur de l'Inconnaissable. Rien ne Lui échappe fût-il du poids d'un atome dans les cieux, comme sur la terre. Et rien n'existe de plus petit ni de plus grand, qui ne soit inscrit dans un Livre explicite﴿

[Coran 34: 3]

Et Il (﷾) dit:

﴾Certes ton Seigneur connaît le mieux ceux qui s'égarent de Son sentier, et c'est Lui qui connaît le mieux ceux *[qui sont]* bien guidés﴿ *[Coran 6: 117]*

Il (﷾) dit aussi:

﴾C'est Lui qui vous connaît le mieux quand Il vous a créés de terre, et aussi quand vous étiez des embryons dans les ventres de vos mères﴿ *[Coran 53: 32]*

Le vrai Seigneur (﷾) affirme Son savoir de ce qui n'existe pas et comment il serait une fois qu'il aurait existé:

﴾Or, s'ils étaient rendus *[à la vie terrestre]* ils reviendraient sûrement à ce qui leur était interdit﴿ *[Coran 6: 28]*

Allah (﷾) sait que ceux qui traitent la vérité de mensonge et qui espèrent, le Jour du Jugement Dernier, retourner à la vie terrestre, qu'une fois retournés, ils reviendraient à leur égarement et leur démentis.

Allah (ﷻ) dit au sujet des mécréants qui ne supportent pas la vérité:

﴿Et si Allah avait reconnu en eux quelque bien, Il aurait fait qu'ils entendent. Mais, même s'Il les faisait entendre, ils tourneraient *[sûrement]* le dos en s'éloignant﴾ *[Coran 8: 23]*

L'omniscience d'Allah (ﷻ), qui embrasse tout, englobe aussi Son savoir des actes des enfants morts dès leur jeune âge s'ils avaient grandi.

Boukhari rapporta selon un récit d'Ibn Abbas que *[lorsque]* le Prophète (ﷺ) fut une fois interrogé sur le sort des enfants des mécréants, Il (ﷺ) dit: *«Allah est le plus connaisseur de leurs actes.» (Fat'h Al-Bâri)*

Muslim rapporta que Aïcha (رضي الله عنها), mère des croyants, dit:

«Un enfant fut décédé et je me dis alors: heureux soit-il! C'est un oiseau du Paradis.»

Le Messager d'Allah (ﷺ) dit alors: *«Ne sais-tu pas qu'Allah créa le Paradis et l'Enfer et créa les habitants du premier et les habitants du second?»*

Dans un récit de Muslim aussi, Aïcha (رضي الله عنها) dit: le Messager d'Allah fut sollicité pour participer au convoi funèbre d'un enfant des *Ansar* (Partisans du Prophète originaires de Médine) et je lui dis: ô Messager d'Allah! Heureux soit-il! C'est un oiseau du Paradis, il n'a pas fait de mal et le mal ne l'a pas atteint. Il (ﷺ) me dit:

«En plus de ça, Aïcha, Allah a créé pour le Paradis des habitants, il les a désignés avant même leur naissance; il a aussi créé pour l'Enfer des habitants qu'il a désignés avant même leur naissance.» (Muslim)

Ces Hadiths parlent de la connaissance d'Allah (ﷻ) du sort de ceux qui sont morts durant leur enfance et affirment qu'ils n'iront pas en Enfer, non pas parce qu'ils n'ont rien commis, mais par Son savoir.

Ibn Taymiya - *cheikh El-Islam* -, qu'Allah l'ait dans Sa miséricorde, disait à propos des enfants des mécréants: Allah est le meilleur Connaisseur de ce qu'ils allaient faire, c'est-à-dire, Il sait qui serait croyant et qui serait mécréant une fois qu'ils auraient atteint l'âge adulte. Il dit aussi d'après un récit d'Abou Horaïra (رضي الله عنه) que le Messager d'Allah (ﷺ) dit:

«Le Jour de la Résurrection, Allah les soumettra à un examen et leur enverra un messager: ceux qui répondront au Messager iront au Paradis et ceux qui le refouleront iront en Enfer.»

Ainsi se manifeste en eux le savoir d'Allah (تعالى) et, par conséquent, les récompenserait ou les châtierait à partir de cette manifestation du savoir, c'est-à-dire sur la base de leur foi ou de leur impiété et non seulement sur la base du savoir.

Les preuves rationnelles sur le fait qu'Allah connaît le sort des créatures avant leur création

En vérité, l'existence de cet univers et de toute créature prouve de manière irréfutable qu'Il (تعالى) en avait la connaissance avant sa création, car il est impossible qu'Il (تعالى) fasse exister les choses qu'Il (تعالى) ignore. En fait, Il (تعالى) crée les choses sur la base de Sa volonté et cette dernière nécessite la conception préalable de la chose à créer, et c'est justement dans cette conception que réside la connaissance de la chose voulue. Ainsi, la création nécessite la volonté et cette dernière exige le savoir et, par conséquent, la création nécessite le savoir. *(Tahawi)*

Aussi, constatons-nous que les créatures ont été faites de la manière la plus parfaite, ce qui implique le savoir du créateur, car il n'est pas possible de créer ce qui est perfectionné sans en avoir une connaissance totale. *(Tahawi)*

Les savants ont démontré l'omniscience du Tout-Puissant (ﷻ) par la comparaison de la première, les créatures proviennent d'un connaisseur et le savoir est la qualité de la perfection. Il n'est donc pas possible que le Créateur ne soit pas Connaisseur. La déduction par ce raisonnement se présente en deux formules:

La première: dire que nous savons obligatoirement que le Créateur est plus perfectionné que la créature et que ce qui est exigible est plus parfait que le possible, et nous savons obligatoirement aussi que nous sommes devant deux hypothèses:l'une suppose qu'Il est omniscient et l'autre suppose qu'Il ne l'est pas, et alors la création serait plus parfaite. Si le Créateur n'était pas omniscient, le possible serait alors et obligatoirement plus parfait que Lui (ﷻ): ce qui est impossible.

La deuxième: tout le savoir des créatures provient du Tout-Puissant (ﷻ) et il est impossible que le Créateur de la perfection en soit dénué, car c'est à Lui (ﷻ) que revient ce droit. Tous les aspects de la perfection attribués à la créature, le Créateur y a davantage droit et toute imperfection que le créé rejette ne peut être attribuée au Créateur, car Il (ﷻ) est au-dessus de l'imperfection. *(Tahawi)*

Toutes ces déductions sont perçues dans le verset coranique qui dit:

﴾Ne connaît-Il pas ce qu'Il a créé alors que c'est Lui le Compatissant, le Parfaitement Connaisseur?﴿

[Coran 67: 14]

Sa connaissance est démontrée par le fait qu'Il (ﷻ) est informé des choses et des événements avant qu'ils ne se produisent. Il (ﷻ) nous a informés, dans Ses prescriptions précédentes, qu'Il (ﷻ) allait envoyer notre honorable Messager (ﷺ) en décrivant ses qualités, sa moralité et ses signes. Il (ﷻ) nous a aussi informés sur les attributs de sa nation. Dans le Saint Coran, Allah (ﷻ) nous a aussi fait part du récit des Romains et leur prochaine victoire sur les Perses mazdéens et ce fut fait. Les récits sur le Futur invisible sont abondants dans le Saint Coran et la Sunna.

2ème fondement: la croyance que tout est écrit par Allah sur la "Tablette préservée" sur toutes les créatures

Les textes du Livre Saint et de la Sunna ont démontré qu'Allah (سبحانه وتعالى) a tout écrit sur la «Tablette préservée». Muslim rapporta que Abdallah Ibn Amr Ibn Al-'As (رضي الله عنه) dit: j'ai entendu le Messager d'Allah (ﷺ) dire:

«Allah écrit les sorts des créatures cinquante mille ans avant la création des cieux et de la terre, et dit *[aussi]* que *Son Trône est sur l'eau.» (Muslim)*

Tirmidhi rapporta le même Hadith dans une autre version: *«Allah décréta les sorts cinquante mille ans avant la création des cieux et de la terre.»*

Il rapporta aussi selon un récit de 'Obada Ibn As-Samète (رضي الله عنه) que le Messager d'Allah (ﷺ) dit:

«Au début, Allah créa la Plume [Al-Qalame] *et lui dit: écris. La Plume répondit: que dois-je écrire? Allah lui dit: écris ce qui était et ce qui sera jusqu'à l'Eternité.» (Tirmidhi)*

Abou 'Issa Tirmidhi indiqua que ce Hadith était étrange dans cette formule.

La "Tablette préservée" sur laquelle Allah (سبحانه وتعالى) écrit la Prédestination des créatures a été nommée par le Saint Coran tantôt Livre, tantôt Registre explicite, tantôt Ecriture-Mère et tantôt Livre Ecrit.

Allah (سبحانه وتعالى) dit:

﴾Mais c'est plutôt un Coran glorifié. Préservé sur une Tablette *[auprès d'Allah]*﴿ *[Coran 85: 21-22]*

Et Il (سبحانه وتعالى) dit:

﴾Ne sais-tu pas qu'Allah sait ce qu'il y a dans le ciel et sur la terre? Tout cela est dans un Livre, et cela est pour Allah bien facile﴿ *[Coran: 22: 70]*

Il (سبحانه وتعالى) dit aussi:

﴾C'est Nous qui ressuscitons les morts et écrivons ce qu'ils ont fait ainsi que leurs traces. Et Nous avons dénombré toute chose dans un Registre explicite﴿ *[Coran 36: 12]*

Et Il (سبحانه وتعالى) dit:

﴾Par At-Tôr! Et par un Livre écrit sur un parchemin déployé!﴿ *[Coran 52: 1]*

Et Il (سبحانه وتعالى) dit encore:

﴾Il est auprès de Nous, dans l'Ecriture-Mère, sublime et rempli de sagesse﴿ *[Coran 43: 4]*

3ème fondement: la croyance à la volonté accomplie d'Allah et Son omnipotence absolue

Ce principe fondamental consiste à avoir la croyance totale à la volonté accomplie d'Allah (سبحانه وتعالى) et à Son omnipotence absolue: quand Il (سبحانه وتعالى) veut une chose, elle est, et quand Il (سبحانه وتعالى) ne veut pas d'une chose, elle n'est pas. Il n'y a pas de mouvement ou d'activité, d'inertie ou d'accalmie sur Terre sans Sa volonté, car rien n'existe dans Son Royaume sans Sa volonté.

Les Textes affirmant ce principe fondamental sont multiples. Parmi eux, les versets dans lesquels Allah (سبحانه وتعالى) dit:

﴾Mais vous ne pouvez vouloir, que si Allah veut, *[Lui],* le Seigneur de l'Univers﴿ *[Coran 81: 29]*

Et Il (﷾) dit:

﴾Et si Nous faisions descendre les Anges vers eux, *[comme ils l'avaient proposé]* si les morts leur parlaient, et si Nous rassemblions toute chose devant eux, ils ne croiraient que si Allah veut﴿ *[Coran 6: 111]*

Et Il (﷾) dit:

﴾Si ton Seigneur avait voulu, ils ne l'auraient pas fait﴿ *[Coran 6: 112]*

Et Il (﷾) dit:

﴾Quand Il veut une chose, Son Commandement consiste à dire: «Sois», et c'est﴿ *[Coran 36: 82]*

Et Il (﷾) dit encore:

﴾Allah égare qui Il veut; et Il place qui Il veut sur un droit chemin﴿ *[Coran 6: 39]*

La volonté accomplie et l'omnipotence absolue d'Allah (﷾) se réunissent dans ce qui fut et ce qui sera, et se séparent dans ce qui ne fut guère et ne sera point.

Toute chose est soumise à la volonté d'Allah (﷾) et Son omnipotence, et il n'y nul doute en cela. Le néant est dû à l'absence de la volonté d'Allah (﷾) qui n'a pas voulu qu'il soit et non pas par manque de pouvoir. Allah (﷾) dit:

﴾Et si Allah avait voulu, les gens qui vinrent après eux ne se seraient pas entre-tués, mais Allah fait ce qu'Il veut﴿ *[Coran 2: 253]*

Et Il (﷾) dit:

﴾Si Allah avait voulu, certes, Il aurait fait de vous tous une seule communauté﴿ *[Coran 5: 48]*

Et Il (﷾) dit:

﴾Et si Allah voulait, Il pourrait les mettre tous sur le droit chemin﴿ *[Coran 6: 35]*

Et Il (﷾) dit aussi:

﴾Si Allah voulait, ils ne seraient point polythéistes! Mais Nous ne t'avons pas désigné comme gardien sur eux; et tu n'es pas leur garant﴿ *[Coran 6: 107]*

Et Il (﷾) dit:

﴾Si ton Seigneur l'avait voulu, tous ceux qui sont sur la terre auraient cru﴿ *[Coran 10: 99]*

Et Il (﷾) dit encore:

﴾N'as-tu pas vu comment ton Seigneur étend l'ombre? S'Il avait voulu, certes, Il l'aurait faite immobile﴿

[Coran 25: 45]

Un grand nombre de versets démontrent que rien n'existe sans la volonté d'Allah (﷾), et nullement parce qu'Il (﷾) ne peut pas, car Il (﷾) est omnipotent et Tout-Puissant.

4ème fondement: Allah est le créateur de toute chose

Les versets coraniques ont affirmé qu'Allah (﷾) est le créateur de toute chose, et c'est Lui (﷾) qui a créé, constitué et donné l'existence aux créatures. Il (﷾) est le seul créateur et, à part Lui (﷾), tout est créé.

﴾Allah est le Créateur de toute chose, et de toute chose Il est Garant﴿ *[Coran 39: 62]*

﴾ Il est le grand Créateur, l'Omniscient﴿ *[Coran 36: 81]*

﴾Louange à Allah qui a créé les cieux et la terre, et établi les ténèbres et la lumière﴿ *[Coran 6: 1]*

﴾Ô hommes! Craignez votre Seigneur qui vous a créés d'un seul être, et a créé de celui-ci son épouse, et qui, de ces deux-là, a fait répandre beaucoup d'hommes et de femmes﴿ *[Coran 4: 1]*

﴾ Et c'est Lui qui a créé la nuit et le jour, le soleil et la lune; chacun voguant dans une orbite﴿ *[Coran 21: 33]*

Et tant d'autres versets qui traitent de ce sujet.

SECTION 4

LES ACTES DES HOMMES SONT CREES ET PREDESTINES

Les êtres humains et leurs actes sont soumis aux mêmes règles que les autres créatures. Allah (ﷻ) sait Ses serviteurs qui seront créés ainsi que leurs actes, et tout cela est écrit sur la «Tablette préservée». Allah (ﷻ) les crée selon Sa volonté et leur prédestine ce qu'Il veut. Leurs actions découlent de Sa volonté, Il guide vers le droit chemin ceux pour lesquels Il (ﷻ) a écrit le bonheur, et égare ceux pour lesquels Il a écrit la misère. Il est omniscient de ceux qui sont voués pour le Paradis et ceux qui iront en Enfer.

Nous avons passé en revue plusieurs Textes démontrant la volonté divine, et en voici d'autres, qui affirment encore l'omniscience et la volonté d'Allah (ﷻ).

Le Tout-Puissant (سبحانه وتعالى) dit:

﴾Alors que c'est Allah qui vous a créés, vous et ce que vous fabriquez﴿ *[Coran 37: 96]*

Il (سبحانه وتعالى) dit aussi:

﴾Et tout ce qu'ils ont fait est mentionné dans les registres﴿ *[Coran 54: 52]*

Et Il dit (سبحانه وتعالى):

﴾Nulle femelle ne porte ni ne met bas sans qu'Il le sache. Et aucune existence n'est prolongée ou abrégée sans que cela soit consigné dans un livre. Cela est vraiment facile pour Allah﴿ *[Coran 35: 11]*

Et Il dit (سبحانه وتعالى):

﴾Quiconque Allah guide, voilà *[l'homme]* bien guidé. Et quiconque Il égare, voilà les perdants﴿ *[Coran 7: 178]*

Et Il dit encore (سبحانه وتعالى):

﴾Car c'est ton Seigneur qui connaît le mieux celui qui s'égare de Son sentier et c'est lui qui connaît le mieux ceux qui sont bien guidés﴿ *[Coran 16: 125]*

Tant de Hadiths ont également affirmé que le Seigneur des êtres humains a la connaissance absolue des actes de Ses serviteurs, et qu'Il (سبحانه وتعالى) a destiné et décrété préalablement leurs actes et leur sort. Il (سبحانه وتعالى) sait le sort final de Ses serviteurs et s'ils seront heureux ou misérables dans l'Au-delà. Ces Hadiths nous ont néanmoins informés que la Prédestination n'empêche pas l'action: travaillez! Car chacun trouvera l'aisance dans ce pour quoi il a été créé.

Les Textes démontrant la Volonté déterminante d'Allah l'égard des actes des humains

1- Les Hadiths démontrant que les actes des serviteurs sont écrits:

Muslim rapporta que Jaber (ﷺ) dit: Souraqa Ibn Malek (ﷺ) demanda au Messager d'Allah (ﷺ): ô Messager d'Allah! Montre-nous notre religion comme si nous venions d'être nés maintenant: que faire dès lors? Devons-nous suivre ce que les Plumes ont tant écrit et se soumettre à la Prédestination ou bien cela s'applique-t-il *[uniquement]* pour l'avenir?

Il (ﷺ) lui répondit: *«Non, suivez ce que les Plumes ont écrit et la Prédestination a tracé.»*

L'homme demanda: alors, que faire?

Le Prophète (ﷺ) répondit:

«Agissez, car tout est rendu facile.» Dans une autre version, il dit: *«Tout travailleur est destiné à son œuvre.»*

Tirmidhi rapporta qu'Omar Ibn Al-Khattab (ﷺ) demanda au Messager d'Allah (ﷺ): ô Messager d'Allah! Dis-nous où agir dans ce qui est nouveau et ce qui est à son début ou dans ce qui est établi? Il (ﷺ) répondit:

«Dans ce qui est établi, ô Ibn Al-Khattab! Et ce qui est aisé, car ceux qui sont voués pour le bonheur travaillent pour le bonheur, et ceux qui sont voués pour la misère travaillent pour la misère.»

2- La connaissance divine sur les habitants du Paradis et de l'Enfer

Boukhari rapporta que 'Imrane Ibn Hussein (ﷺ) dit: un homme demanda au Messager d'Allah (ﷺ) s'il savait qui étaient les habitants du Paradis et ceux de l'Enfer?

Il (ﷺ) répondit: *«Oui».* L'homme demanda alors: pourquoi travaillent-ils? Il (ﷺ) lui dit:

«Chacun œuvre pour [le but] *pour lequel il a été créé ou ce qui lui a été rendu aisé.»*

Muslim rapporta qu'Ali (رضي الله عنه) raconta: nous étions une fois aux obsèques d'un homme dans le cimetière des habitants de Médine, le Messager d'Allah (ﷺ) s'assit par terre et nous fîmes de même. Il tenait un bâton dans sa main. Le Prophète (ﷺ) baissa sa tête et se mit à tracer des lignes dans la terre par son bâton avant de dire:

«Allah a écrit pour chacun de vous et pour toute âme sa place au Paradis ou en Enfer, chaque âme aura son sort: le bonheur ou la misère.»

Un homme demanda: ô Messager d'Allah! Ne devrons-nous pas nous contenter de ce qui est Ecrit et arrêter de travailler?

Il (ﷺ) répondit:

«Ceux qui sont voués au bonheur devront travailler sur le chemin du bonheur, et ceux qui sont voués à la misère travailleront sur le chemin de la misère.»

Il (ﷺ) dit aussi:

«Œuvrez, car tout est mis dans l'aisance, ceux qui auront le bonheur trouveront facile le chemin du bonheur et ceux qui auront la misère trouveront facile la voie de la misère.»

Puis il (ﷺ) lit:

﴿Celui qui donne et craint *[Allah]*; et déclare véridique la plus belle récompense; Nous lui faciliterons la voie au plus grand bonheur. Et quant à celui qui est avare, se dispense *[de l'adoration d'Allah],* et traite de mensonge la plus belle récompense, Nous lui faciliterons la voie à la plus grande difficulté﴾ *[Coran 92: 5-10]*

3- L'extraction de la progéniture d'Adam de ses reins et leur répartition en deux parties: une pour le Paradis et l'autre pour l'Enfer

Notre Prophète (ﷺ) nous informe aussi qu'Allah (ﷻ) passa Sa Main sur le dos d'Adam après sa création et tira sa descendance de ses reins et en fit deux groupes: l'un pour le Paradis et l'autre pour l'Enfer.

Malek, Tirmidhi et Abou Daoud rapportèrent le récit de Muslim Ibn Yassar qui dit: on demanda à Omar Ibn Al-Khattab (رضي الله عنه) d'expliquer le verset suivant:

> ﴿Et quand ton Seigneur tira des reins de la progéniture d'Adam l'ensemble de leurs descendants et les fit témoigner sur eux-mêmes: «Ne suis-Je pas votre Seigneur?» Ils répondirent: «Mais si, nous en témoignons»; afin que vous ne disiez point, au Jour de la Résurrection: «Vraiment, nous n'y avons pas fait attention».﴾ *[Coran 7: 172]*

Omar (رضي الله عنه) dit: j'ai entendu le Messager d'Allah (ﷺ) répondre à une question sur ce verset, en disant:

«Allah créa Adam, puis Il passa Sa Main sur son dos et tira sa descendance de ses reins en disant: J'ai créé ceux-là pour le Paradis, et ils agiront selon les œuvres des gens du Paradis. Il passa ensuite Sa Main sur son dos et tira une descendance de ses reins en disant: J'ai créé ceux-là pour l'Enfer, et ils agiront selon les œuvres des gens de l'Enfer.»

Un homme demanda: pourquoi devrons-nous travailler? Le Messager d'Allah (ﷺ) dit alors:

«Quand Allah (ﷻ) crée un serviteur voué pour le Paradis, Il le fait agir selon les actes des habitants du Paradis et quand il meurt, il entre au Paradis; et quand Allah (ﷻ) crée un serviteur voué pour

l'Enfer, Il le fait agir selon les actes des habitants de l'Enfer et quand il meurt, il entre en Enfer.»

Ahmed rapporta pour sa part que le Messager d'Allah (ﷺ) dit, selon un récit d'Ibn Abbas (رضي الله عنه):

«Allah prit un engagement d'Adam au [mont d']*Arafat, puis tira de ses reins une descendance qu'Il (تعالى) éparpilla entre Ses Mains comme des perles. Il (تعالى) leur dit:*

> ﴿... Ne suis-Je pas votre Seigneur? Ils répondirent: mais si, nous en témoignons; afin que vous ne disiez point, au Jour de la Résurrection: vraiment, nous n'y avons pas fait attention, ou que vous auriez dit: nos ancêtres autrefois donnaient des associés à Allah et nous sommes leurs descendants, après eux. Vas-Tu nous détruire pour ce qu'ont fait les imposteurs?﴾ *[Coran 7: 172-173]*

Ahmed rapporta aussi selon Abou Ad-Dardaa (رضي الله عنه) que le Messager d'Allah (ﷺ) dit:

«Allah créa Adam puis tapa sur son épaule droite et fit sortir une descendance aussi blanche que les perles. Il tapa sur son épaule gauche et fit sortir une descendance aussi noire que la lave. Il dit aux descendants de droite: vous irez certes au Paradis, puis tourna vers ceux de gauche et leur dit: vous irez certes en Enfer.»

Dans un autre Hadith, le Messager d'Allah (ﷺ) nous informe que:

«Le Tout-Puissant (تعالى) créa les créatures dans les ténèbres, puis jeta Sa lumière sur eux: ceux qui eurent une part de lumière suivirent le droit chemin et ceux que la lumière rata demeurèrent égarés. C'est pour cela que les Plumes ont séché avant qu'elles ne puissent rédiger le savoir d'Allah (تعالى).» Ce Hadith fut rapporté par *Tirmidhi.*

4- Le message adressé par Allah (ﷻ) aux habitants de l'Enfer

Tirmidhi rapporta qu'Abdallah Ibn 'Amr Ibn Al-'As (رضي الله عنه) dit: le Messager d'Allah (ﷺ) sortit une fois de chez lui pour nous voir. Il (ﷺ) portait deux livres dans sa main et nous demanda:

«Connaissez-vous ces deux livres?»

Nous répondîmes: non. Veux-tu nous dire de quoi s'agit-il?

Il (ﷺ) montra le livre qu'il tenait dans sa main droite et dit: *«Ceci est le livre du Seigneur des mondes et il contient les noms des habitants du Paradis, les noms de leurs pères et de leurs tribus au dernier membre, et personne n'y sera ajouté ni en sera enlevé.»*

Puis, il (ﷺ) montra le livre qu'il tenait dans sa main gauche et dit: *«Ceci est le livre du Seigneur des mondes et contient les noms des habitants de l'Enfer, les noms de leurs pères et de leurs tribus au dernier membre et personne n'y sera ajouté ni en sera enlevé.»*

Ses Compagnons (رضي الله عنهم) lui demandèrent: pourquoi devrons-nous travailler alors puisque notre sort a été décrété, ô Messager d'Allah?

Il (ﷺ) répondit:

«Soyez sages et œuvrez pour le bien, car celui qui est voué pour le Paradis finira par agir conformément aux actes des habitants du Paradis quelle que soit son œuvre, et celui qui est voué pour l'Enfer finira par agir conformément aux actes des habitants de l'Enfer quelle que soit son œuvre.»

Le Messager d'Allah (ﷺ) poursuivit en disant:

«Votre Seigneur a décrété le sort de chacun, un groupe ira au Paradis et un autre en Enfer.» (Tirmidhi)

5- La Prédestination décrétée la Nuit du Destin et la Prédestination quotidienne

Nous avons auparavant démontré qu'Allah (تعالى) décréta le sort de Ses serviteurs cinquante mille ans avant la création des cieux et de la terre. Le Livre Saint et la Sunna ont précisé qu'il s'agit de deux Prédestinations, l'une annuelle et l'autre quotidienne. La Prédestination annuelle se déroule pendant la Nuit du Destin (*Laylat Al-Qadr).* Au cours de cette nuit, tous les événements de l'année sont décidés à partir de la "Tablette préservée'', notamment les affaires relatives à la vie, la mort, la subsistance, la pluie et les œuvres des serviteurs d'Allah (تعالى) et ainsi de suite Allah (تعالى) dit:

﴿Nous l'avons fait descendre en une Nuit bénie, Nous sommes en vérité Celui qui avertit, durant laquelle est décidé tout ordre sage, c'est là un Commandement venant de Nous. C'est Nous qui envoyons *[les Messagers]*﴾

[Coran 44: 2-3-4]

Pour ce qui est du sort quotidien, c'est l'accomplissement à des horaires fixes des événements décrétés préalablement.

Allah (تعالى) dit:

﴿ Ceux qui sont dans les cieux et la terre L'implorent. Chaque jour, Il accomplit une œuvre nouvelle﴾

[Coran 55: 29]

Ibn Jarir rapporta selon Mounib Ibn Abdallah selon le père de ce dernier qui dit: le Messager d'Allah (ﷺ) récita ce verset et nous lui demandâmes: et quelle est cette œuvre?

Il (ﷺ) répondit:

«Il pardonne un péché, soulage un souci, hisse des gens et abaisse d'autres.»

Les exégètes ont interprété ce verset en indiquant qu'Allah (ﷻ) accomplit chaque jour un événement: Il (ﷻ) fait naître et fait mourir, Il (ﷻ) crée et pourvoit, Il (ﷻ) répond à celui qui L'appelle et donne à celui qui L'implore, Il (ﷻ) pardonne le péché et d'autres actes et interventions divins qui sont innombrables.

6- L'homme reçoit son sort alors qu'il est encore un fœtus

Plusieurs Hadiths ont indiqué qu'Allah (ﷻ) envoie un Ange au fœtus dans l'utérus de sa mère pour écrire son sort, sa subsistance, la date de sa mort, sa misère et son bonheur.

Boukhari et Muslim rapportèrent qu'Abdallah Ibn Massoud (رضي الله عنه) dit: le Messager d'Allah (ﷺ) nous dit - et il dit toujours vrai:

«Quand l'embryon atteint quarante jours dans l'utérus de sa mère, Allah envoie un ange qui souffle en lui l'âme et exécute quatre ordres: écrire sa subsistance, la date de sa mort et [son sort]*: malheureux ou bienheureux.»*

Par Allah l'Unique, la personne peut œuvrer pendant sa vie comme ceux du Paradis et alors qu'elle est à bout du chemin pour l'atteindre et voilà qu'elle commet un acte des habitants de l'Enfer et on la fait entrer dans ce dernier. Par contre, une autre personne peut agir toute sa vie selon les actes des habitants de l'Enfer et quand la distance qui la sépare du Feu ne dépasse guère une coudée, elle fait un acte de ceux du Paradis et voilà qu'elle devient l'un de ses habitants.

Tirmidhi rapporta que le Messager d'Allah (ﷺ) dit:

«Quand Allah veut du bien pour Son serviteur, Il le fait faire.»

On demanda: il le fait faire quoi, ô Messager d'Allah? Il (ﷺ) répondit:

«Il le fait faire le bien avant sa mort.» (Tirmidhi)

Muslim rapporta, d'Abou Horaïra (ﷺ), que le Messager d'Allah (ﷺ) dit: «*L'homme œuvre pour une longue durée pour aller au Paradis et achève ses œuvres par un acte des habitants de l'Enfer et un autre homme se comporte pour une longue durée selon le mode de ceux de l'Enfer et achève ses œuvres par un acte des habitants du Paradis.*» (Muslim)

Selon Sahl Ibn Sa'd As-Sa'di (ﷺ), le Messager d'Allah (ﷺ) disait:

«*L'homme œuvre pour une longue durée pour aller au Paradis et achève ses œuvres par un acte des habitants de l'Enfer, et c'est en Enfer qu'il ira; un autre homme se comporte pour une longue durée selon le mode de ceux de l'Enfer et achève ses œuvres par un acte des habitants du Paradis et c'est au Paradis qu'il ira.*» (Muslim)

Il convient de citer, dans ce contexte, l'histoire du Messager d'Allah (ﷺ) avec l'homme qu'il jugea appartenir en Enfer, vu la morale qu'elle comporte: Abou Hazim raconta, selon un récit de Sahl Ibn Sa'd (ﷺ), qu'un homme, qui jouissait d'une grande richesse, manifesta un courage singulier parmi les combattants musulmans lors d'une bataille dirigée par le Prophète (ﷺ). Le Prophète (ﷺ) dit à ses hommes:

«*Si vous voulez voir un homme de l'Enfer, regardez celui-là.*»

L'un des hommes suivit la personne en question et constata à quel point elle était courageuse et intrépide en combattant les mécréants. Elle fut ensuite blessée et voulut précipiter sa mort. Elle mit le bout de son épée sur sa poitrine et l'enfonça jusqu'à ce qu'elle sorte de son dos. L'homme courut ensuite vers le Messager d'Allah (ﷺ) et dit: je témoigne que tu es le Messager d'Allah (ﷺ)! Il lui dit alors: «*Et c'est quoi*?»

Il a dit: tu avais dit à untel que celui qui veut voir un des habitants de l'Enfer qu'il regarde cet homme; il ne cessait de pousser le danger contre les musulmans, mais je savais qu'il n'allait pas mourir ainsi et, d'ailleurs, quand il a été blessé, il a précipité sa mort en se suicidant!

Le Messager d'Allah (ﷺ) dit alors:

«L'homme fait les actes de ceux de l'Enfer, alors qu'il appartient au Paradis, et fait les actes de ceux du Paradis, alors qu'il appartient en Enfer: les meilleurs actes sont ceux qui interviennent à la fin.» (Fat'h Al-Bâri)

CHAPITRE IV

LIMITES DU RAISONNEMENT SUR LA PREDESTINATION

Ibn Hajar Al-'Asqalani rapporta qu'Abou Al-Moudhaffer As-Sam'ani disait: la voie de la connaissance dans cette question est de se limiter au Livre Saint et à la Sunna, sans recours à la comparaison et au raisonnement. Celui qui ne s'arrête pas à ces limites, s'égare et tombe dans la confusion sans pouvoir cependant aboutir à une solution et sans que son cœur soit satisfait. La Prédestination est un mystère dont la connaissance n'appartient qu'à Allah (ﷻ), car Il (ﷻ) s'est donné l'exclusivité de ce savoir et l'a occulté à Ses créatures et à leur savoir pour un but que Seul Lui (ﷻ) le sait; Il ne l'a même pas révélé aux plus proches de ses Messagers et ses Anges.

Tahawi dit: le principe fondamental de la Prédestination, c'est qu'elle est un secret exclusif d'Allah (ﷻ) qu'il a gardé de Ses créatures. Il (ﷻ) ne l'a révélé ni à un proche Ange ni à un Messager. S'approfondir dans l'entendement de cette question, mène au désappointement, à la privation et à l'injustice, et il faut être prudent et s'éloigner de cette question, car Allah (ﷻ) a occulté la connaissance de la Prédestination à tous les êtres humains et leur a interdit de la poursuivre. Allah (ﷻ) dit:

﴾Il n'est pas interrogé sur ce qu'Il fait, mais ce sont eux qui devront rendre compte *[de leurs actes]*﴿ *[Coran 21: 23]*

Al-Âjourri dit: il ne convient pas aux musulmans d'étudier ou de réfléchir sur la question de la Prédestination, car elle est l'un des secrets d'Allah (ﷻ) le Tout-Puissant. La croyance en la Prédestination des gens, en bien ou en mal, est un devoir imposé à tous les serviteurs d'Allah (ﷻ). En plus, cette aventure n'est pas sans risque, car celui qui cherche à savoir la Prédestination est susceptible de faire des présomptions erronées sur la Prédestination divine et s'égare ainsi du droit chemin.

L'imam Ahmed dit pour sa part: la Sunna a bien établi la croyance à la Prédestination que ce soit en bien ou en mal, il est du devoir du musulman de donner tout le crédit aux Hadiths et en avoir la foi totale et s'abstenir donc de poser des questions telles que: pourquoi et comment? Il faut se contenter de croire et d'avoir la Foi.

Celui qui n'est pas versé dans l'exégèse du Hadith doit se limiter à la croyance pure et simple et reconnaître que ces Hadiths nous apportent la réponse finale et crédible sur la question de la Prédestination.

Ali Ibn Al-Madîni fut d'accord avec l'imam Ahmed sur la question de la Prédestination.

Voici, dans les lignes suivantes, la position des savants relative à la question de la Prédestination, qui a établi d'importantes règles à observer:

La première règle: *le devoir de croire en la Prédestination.*

La deuxième règle: *le savoir relatif à la Prédestination, à ses portées et à ses limites, doit se baser exclusivement sur le Livre Saint et la Sunna.*

Il faut absolument éviter d'adopter les méthodes reposant sur le raisonnement et la comparaison. La pensée humaine est limitée et ne peut, à elle seule, déterminer les critères et les fondements qui puissent lui éviter l'égarement et l'aberration. Ceux qui ont choisi de laisser libre cours à leur pensée se sont égarés et perdus; certains ont nié la Prédestination et d'autres ont cru que la croyance en la Prédestination implique la croyance au déterminisme. Un troisième groupe a pris une position tout à fait contraire à la religion. Toute déviation du droit chemin de ce genre a été à l'origine de problèmes dans la vie et les sociétés des hommes, car l'égarement cultuel cause la délinquance dans le comportement et la perturbation de la vie sociale.

La troisième règle: *il faut éviter toute étude approfondie de la Prédestination.*

Certains aspects de la Prédestination ne sont pas à la portée de la pensée humaine quels que soient son développement et son épanouissement. D'autres aspects ne peuvent en être compris ou entendus qu'avec une grande difficulté.

On peut se demander: cette règle ne constitue-t-elle pas une mise sous tutelle de la pensée humaine? la réponse à cette question est non. Cette règle n'incite pas à la soumission totale de la pensée humaine, mais une préservation de cette pensée contre la dispersion de l'énergie dans un domaine où elle n'est pas apte d'agir. Cette règle sauvegarde en fait la pensée humaine de se perdre dans un champ qui sort du cadre de ses capacités et de sa créativité.

L'Islam a mis entre les mains de l'homme les traits de la croyance en la Prédestination. Cette croyance repose sur le fait qu'Allah (ﷻ) est omniscient et Son savoir embrasse tout ce qui existe et tout ce qui est créé; l'entendement par la pensée humaine de ces vérités est facile à atteindre, car elles ne contiennent ni difficultés ni complication.

Toutefois, l'étude des secrets divins et l'approfondissement de la recherche dans ce domaine ne font que dissiper et consumer l'énergie intellectuelle. La recherche orientée vers le savoir, les décrets, la volonté et la création divins est une recherche des qualités divines et leur nature, ce qui est absolument occulté devant les êtres humains, car il s'agit de l'Invisible devant lequel il faut se limiter à la croyance. Il n'est donc pas permis de se demander sur sa nature. Au chercheur qui se pose des questions sur la manière avec laquelle Allah (ﷻ) s'établit sur le Trône, il faut dire que les qualités inhérentes à la Prédestination sont connues dans leurs sens et inconnues dans leur nature: la foi est indispensable, alors que les questions qui portent sur la nature sont de l'hérésie.

Ce sont les tentatives visant à comprendre l'essence de la Prédestination divine qui ont épuisé les chercheurs, compliqué les recherches et rendu les choses confuses pour eux.

Par conséquent, tous les savants ont été unanimes à délimiter la zone interdite à la pensée humaine dans la question de la Prédestination. Nous réitérons ici les propos de l'imam Ahmed Ibn Hanbel qui dit: la Sunna a bien établi la croyance en la Prédestination que ce soit en bien ou en mal, il est du devoir du musulman de donner tout le crédit aux Hadiths et en avoir la foi totale et s'abstenir donc de poser des questions telles que: le pourquoi et le comment? Il faut se contenter de croire et d'avoir la foi.

Les chercheurs sur la Prédestination ont longuement étudié le comment de la création par Allah des actes de Ses créatures en tenant compte du fait que ces actes émanent en vérité des humains eux-mêmes. Ils ont également étudié comment Allah (ﷻ) sait ce que les gens font et comment Il charge ses serviteurs de telle ou telle action bien qu'Il (ﷻ) sache ce qu'ils font et connaît leur sort, que ce soit au Paradis ou en Enfer.

Ils ont fait des études exhaustives sur le Livre Saint et ont même essayé d'opposer les versets coraniques les uns aux les autres, et se sont égarés sans pouvoir aboutir à des résultats. Le Messager d'Allah (ﷺ) a mis en garde sa nation contre cette voie aride. Tirmidhi rapporta le récit d'Abou Horaïra dans lequel il dit: le Messager d'Allah (ﷺ) se mit très en colère quand il entendit un jour ses Compagnons (رضي الله عنهم) discuter de la Prédestination. Son visage devint rouge d'irritation et leur dit:

«Avez-vous reçu de tels Commandements? Suis-je envoyé à vous pour cela? Ceux qui existaient avant vous périrent quand ils se querellèrent sur cette question. Je vous commande de ne plus polémiquer sur ce sujet.» (Tirmidhi)

De l'entendement, par la Raison, des causes, des ordres et des actes

La majorité des savants, ancêtres et contemporains, ont jugé que les Commandements d'Allah (سبحانه وتعالى) et Ses créatures ont des causes et des buts, car Allah (سبحانه وتعالى) ne commande que pour un but vraiment sage et ne crée que pour un objectif divin.

Certains de ces buts reviennent aux êtres humains et d'autres à Allah (سبحانه وتعالى): les premiers visent leur bien dans l'immédiat et à longue portée, alors que les seconds découlent de la volonté d'Allah (سبحانه وتعالى) de voir Ses serviteurs l'adorer et l'obéir, avoir l'espoir en Lui (سبحانه وتعالى), le craindre, avoir confiance en Lui (سبحانه وتعالى) et combattre pour Sa cause.

Allah (سبحانه وتعالى) dit:

﴿Je n'ai créé les djinns et les hommes que pour qu'ils M'adorent﴾ *[Coran 51: 56]*

Et il dit (سبحانه وتعالى):

﴿L'homme pense-t-il qu'On le laissera sans obligation à observer?﴾ *[Coran 75: 36]*

Et il dit (ﷻ):

﴾Et Nous ne t'avons envoyé qu'en miséricorde pour l'univers﴿ *[Coran 21: 107]*

Et il dit encore (ﷻ):

﴾Pensiez-vous que Nous vous avions créés sans but, et que vous ne seriez pas ramenés vers Nous?﴿ *[Coran 23: 115]*

Les Textes, démontrant qu'Allah (ﷻ) a un but derrière Sa création, sont multiples et difficiles à limiter; l'esprit humain ne peut entendre qu'une partie de ces buts.

La majorité des savants ont également jugé que l'esprit peut déterminer ce qu'il y a de bon et de mauvais dans les actes. L'esprit humain peut juger que l'injustice, le mensonge, le vol et le meurtre sont des actes mauvais et inacceptables et que la justice, l'honnêteté, la conciliation entre les gens et l'assistance des personnes à la dérive sont de bons actes.

Les buts visés à travers les commandements sont au nombre de trois

Le premier: si l'acte comprend un intérêt ou une corruption, même si la religion ne l'a pas cité. La justice par exemple engendre l'intérêt des gens, et l'injustice génère leur corruption: le premier est bon et acceptable, alors que l'autre est mauvais et inacceptable. Par l'esprit et la religion, on peut juger l'attribut moral de chaque acte. Cependant, l'esprit ne juge pas que le mauvais acte est punissable dans l'Au-delà si la religion n'en parle pas, et il a tort celui qui présume qu'Allah peut punir les gens pour leurs mauvais actes tels que le polythéisme et l'impiété sans qu'un messager nous en informe sur la question.

Le deuxième: si la religion ordonne une chose, celle-ci devient un acte de bienfaisance, et si par contre elle interdit une chose, cela veut dire qu'elle a acquis la caractéristique de malfaisance.

Le troisième: la religion exige parfois que l'on se soumette à un Commandement en guise d'épreuve comme cela fut le cas pour Ibrahim (عليه السلام) quand Allah (سبحانه وتعالى) lui ordonna d'égorger son fils Ismaïl (عليه السلام). La religion n'a pas de but précis dans cet ordre, mais il s'agit tout simplement d'une épreuve.

Les Mu'tazilites n'ont reconnu que le premier, alors que les Ach'arites ont affirmé que tous les commandements et les interdits religieux entrent dans le cadre de l'épreuve, et que les actes n'ont aucune qualité ni avant ni après la religion. Les savants ont tous appuyé les trois catégories. *(Ibn Taymiya)*

La confirmation par les savants sunnites que les actes divins sont causatifs et que l'esprit humain peut distinguer entre le bon et le mauvais, le bien et le mal dans les actes, ouvre la porte devant la pensée humaine pour la recherche sur les nobles Buts derrière la création par Allah (سبحانه وتعالى) des créatures et l'objectif justifiant les Commandements. C'est là un domaine étendu duquel les gens peuvent tirer une science riche confirmant la foi, renforçant la certitude et ouvrant les yeux sur la grandeur de la création d'Allah (سبحانه وتعالى).

﴿Qui a excellemment fait tout ce qu'Il a créé﴾ *[Coran 32: 7]*

Ceci ne peut être qu'ainsi, car le Tout-Puissant (سبحانه وتعالى) a promis de montrer à Ses serviteurs Ses grands signes prouvant le Message du Prophète (صلى الله عليه وسلم):

> ﴿Nous leur montrerons Nos signes dans l'univers et en eux-mêmes jusqu'à ce qu'il leur devienne évident que c'est cela *[le Coran]* la Vérité﴾ *[Coran 41: 53]*

Plusieurs textes coraniques ont incité à la méditation et à la contemplation des versets révélés et des signes de la création:

> ﴾Ne méditent-ils pas sur le Coran?﴿ *[Coran 47: 24]*
>
> ﴾Dis: regardez ce qui est dans les cieux et sur la terre﴿ *[Coran 10: 101]*
>
> ﴾Ne considèrent-ils donc pas les chameaux, comment ils ont été créés?﴿ *[Coran 88: 17]*
>
> ﴾Que l'homme considère donc sa nourriture: c'est Nous qui versons l'eau abondante, puis nous fendons la terre par fissures﴿ *[Coran 80: 24-26]*

CHAPITRE V

LES DOCTRINES EN MATIERE DE PREDESTINATION

Les musulmans ont adopté plusieurs doctrines sur la question de la Prédestination que nous allons traiter dans les chapitres suivants:

SECTION PREMIERE

LA DOCTRINE DES NEGATEURS DE LA PREDESTINATION

En traitant de cette question, certains *[auteurs]* égarés ont nié la Prédestination en présumant qu'Allah (ﷻ) le Tout-Puissant n'a pas la connaissance des choses avant qu'elles ne se produisent et que Son savoir n'est pas préalable aux événements. Ils disent aussi qu'Allah (ﷻ) ne connaît les choses existantes qu'après leur création et leur manifestation dans l'existence.

Ces gens-là ont présumé, à tort, qu'Allah (ﷻ), en ordonnant et interdisant aux gens, ne sait pas qui Lui obéira et qui Lui désobéira, Il ne connaît pas qui ira au Paradis et qui ira en Enfer! Il ne connaît les heureux et les misérables dans l'Au-delà qu'une fois qu'Il (ﷻ)

constate qui Lui obéit et qui Lui désobéit. Ces gens-là refusent de croire au savoir préalable d'Allah (ﷻ) et à Son omniscience. Ils nient aussi qu'Allah (ﷻ) a écrit la Prédestination des créatures avant de créer les cieux et la terre, comme l'ont affirmé le Livre Saint et la Sunna.

Ces présomptions furent connues vers la fin de l'ère des Compagnons, et le premier à avoir appelé à ces idées fut Ma'bed Al-Jouhani avant que les Mu'tazilites n'adoptent cette doctrine corrompue avec, à leur tête, Wâssil Ibn 'Ataa et 'Amr 'Obeid. On rapporta sur eux des idées encore plus abominables, notamment leur présomption qui conteste Allah (ﷻ) et Son Messager (ﷺ) sur le fait qu'Allah (ﷻ) a le Savoir préalable et décrète les choses avant leur création.

Le Messager d'Allah (ﷺ) craignait cet égarement pour sa communauté. Il disait dans le Hadith rapporté par Ibn Abi Muhjen (رضي الله عنه):

«Je crains trois choses pour ma communauté après moi: l'injustice des gouvernants, la croyance aux astres et la négation de la Prédestination.»

Abou Ya'la, Al-Khatib et Ibn Adi ont rapporté selon un récit d'Anas (رضي الله عنه) que le Messager d'Allah (ﷺ) dit:

«Je crains que ma communauté ne tombe dans deux erreurs après moi: la négation de la Prédestination et la croyance aux astres.»

Le Messager d'Allah (ﷺ) a mis en garde sa communauté contre cet égarement. Dans le Hadith rapporté par Tabarani et Al-Hâkim, selon le récit d'Abou Horaïra (رضي الله عنه) le Prophète (ﷺ) dit:

«Les propos sur la Prédestination ont été reportés pour éviter le mal à ma communauté.»

Tabarani rapporta aussi selon Abou Oumama (ﷺ) que le Messager d'Allah (ﷺ) dit:

«Les conditions de cette communauté demeureront stables jusqu'à ce que les gens commencent à discuter des jeunes garçons du Paradis et de la Prédestination.»

Le Messager d'Allah (ﷺ) qualifia ce groupe... de mazdéens de la Nation, car ces derniers disent qu'il y a deux créateurs: la lumière et les ténèbres. Ce groupe dit la même chose en affirmant que chacun est créateur indépendamment d'Allah (ﷻ). Le Messager d'Allah (ﷺ) ordonna que ce groupe soit marginalisé et abandonné et les contacts avec ces membres doivent être bannis. Dans le Hadith rapporté par Ahmed selon Ibn Omar (ﷺ), le Prophète (ﷺ) dit:

«Chaque communauté a ses mazdéens et ceux de ma nation sont ceux qui nient la Prédestination; ne vous rendez pas à leur chevet quand ils tombent malades et ne participez pas à leurs obsèques quand ils meurent.»

Dans un autre Hadith rapporté par Ahmed et Abou Daoud, selon un récit également d'Ibn Omar (ﷺ), le Messager d'Allah (ﷺ) dit:

«Les Qadarites [partisans du libre arbitre] *sont les mazdéens de cette nation, ne vous rendez pas à leur chevet quand ils tombent malades et ne participez pas à leurs obsèques quand ils meurent.»*

Les Compagnons dénoncèrent ce groupe égaré et contestèrent leur négation et leur aberration; ils ont aussi interdit aux gens de les contacter ou d'avoir des affaires avec eux. Ils n'ont épargné aucun texte pour prouver leur tort sur la question de la Prédestination.

Selon Nâfi'e, Tirmidhi rapporta qu'un homme se rendit auprès d'Ibn Omar (ﷺ) et lui dit: untel te salue; Ibn Omar (ﷺ) répondit: j'ai entendu qu'il est tombé dans l'hérésie et si c'est le cas, ne le salue pas de ma part, car le Messager d'Allah (ﷺ) disait:

«Ma nation connaîtra une contestation et un désaveu contre les Qadarites [partisans du libre arbitre].»

Ibn Omar (رضي الله عنه) rapporta aussi que le Prophète (ﷺ) dit:

«Il y aura parmi ma nation ceux qui désavoueront les négateurs de la Prédestination.» (Tirmidhi)

Tirmidhi rapporta aussi qu'Abdalwahid Ibn Salem raconta qu'il se rendit une fois à La Mecque et rencontra 'Ataa Ibn Abi Rabah et lui dit: ô Abou Mohammed! Les habitants de Bassora disent qu'il n'y a pas de Prédestination. 'Ataa lui répondit: Lis-tu le Coran, mon fils?

- Ibn Salem répondit: oui!

- 'Ataa dit alors: lis donc *[la sourate] Azzoukhrouf.*

- Ibn Salem lit alors le début de la Sourate:

﴿*Hâ-Mîm.* Par le Livre explicite! Nous en avons fait un Coran arabe afin que vous raisonniez. Il est auprès de Nous dans l'Ecriture-Mère sublime et rempli de sagesse﴾

[Coran 43: 1-4]

- 'Ataa demanda: sais-tu ce que c'est l'Ecriture-Mère?

- Ibn Salem dit: Allah et son Messager le savent.

- 'Ataa poursuivit: c'est un livre qu'Allah (سبحانه وتعالى) écrivit avant la création des cieux et de la terre où l'on peut savoir que Pharaon est voué à aller en Enfer et où l'on peut savoir aussi:

﴿Que périssent les mains d'Abou Laheb et que lui-même périsse﴾ *[Coran 111: 1]*

- 'Ataa raconta qu'il rencontra Al-Walid Ibn As-Samète, l'un des Compagnons du Messager d'Allah (ﷺ) et lui demanda: quel fut le testament de ton père à toi au moment de sa mort?

- L’homme répondit: mon père me convoqua et me dit: mon fils! Crains Allah et sache que tu ne craindras Allah que lorsque tu as la foi en Lui et en la Prédestination que ce soit en bien ou en mal; si tu meurs sans cette croyance, tu iras en Enfer, car j’ai entendu le Messager d’Allah (ﷺ) dire:

«Au début, Allah créa la Plume [Al-Qalame] *et lui dit: écris. La Plume répondit: que dois-je écrire? Allah lui dit: écris ce qui était et ce qui sera jusqu’à l’éternité.» (Tirmidhi)*

Les savants ont affirmé que ce groupe qadarite négateur de l’omniscience d’Allah (تعالى) est un groupe d’impies et d’infidèles à Allah (تعالى). Parmi ceux qui ont décrété l’impiété de ce groupe figuraient notamment les imams Malek, Chafi‘i et Ahmed.

Ce groupe négateur de l’omniscience d’Allah (تعالى) a presque disparu. Safârini dit à leur propos: les savants disent que les négateurs ont disparu et ce sont eux que les imams Malek, Chafi‘i, Ahmed et d’autres ont excommuniés.

Qortobi dit aussi: cette doctrine s’est éteinte et nous ne connaissons personne de notre époque qui l’adopte. *Al-Hâfidh* (excellent connaisseur du Hadith) Ibn Hajar Al-‘Asqalani dit pour sa part: les Qadarites *[partisans du libre arbitre]* d’aujourd’hui disent qu’Allah (تعالى) a la Connaissance préalable des actes des gens, mais divergent de leurs ancêtres sur l’attribution des actes aux humains de manière indépendante de la Volonté d’Allah (تعالى). Bien qu’ils soient moins extrémistes que les premiers Qadarites, ils demeurent néanmoins égarés dans leurs présomptions.

Nawawi dit: les Qadarites *[partisans du libre arbitre]* qui avancèrent les plus abominables des idées ont disparu et il n’en reste pas un seul musulman qui prétende de pareilles choses à tel point que le qadarisme a pris un sens différent en désignant actuellement ceux qui croient en la Prédestination, mais disent que le bien provient d’Allah (تعالى) et le mal ne provient pas de Lui (تعالى).

Les Qadarites reconnaissent désormais qu'Allah (ﷻ) créa l'homme par Sa volonté, mais prétendent que cette volonté existe par puissance et par effet. C'est qu'Allah (ﷻ) peut vouloir une telle chose et vouloir une autre et qu'il se peut qu'Allah (ﷻ) veuille une chose déterminée sans qu'elle soit créée.

Ces gens sont en fait des mazdéens dualistes dont la plupart ont affirmé que l'univers a deux créateurs. Ils affirment aussi que chaque individu et chaque acte ont deux créateurs. Ils sont encore allés plus loin en faisant des créatures des créateurs et, sans leurs contradictions, ils seraient encore pires que les mazdéens.

Le but et le contenu de leurs idées est de dire que les actes humains ne sont pas du ressort et du domaine d'Allah (ﷻ) le Tout-Puissant, et que Son Royaume comprend des choses qui sont au-dessus de Sa volonté. Ces gens là prétendent qu'ils se dispensent d'Allah (ﷻ) et ne cherchent pas à Lui obéir ou abandonner Ses interdits, ils ne demandent pas le refuge auprès d'Allah (ﷻ) de leurs méfaits et de leurs péchés et ne suivent guère le droit chemin.

Les Qadarites prétendent qu'ils veulent hisser Allah (ﷻ) au-dessus des attributs humains et le sacraliser quand ils disent qu'Allah (ﷻ) veut que l'impie soit croyant, mais l'impie a choisi l'impiété. Leur argument dans ce contexte est qu'en l'absence de la volonté humaine, il y aura une injustice, car comment Allah (ﷻ) peut faire d'une personne un mécréant pour le châtier ensuite.

En vérité, ils ont voulu échapper à un mal, mais s'y sont noyés, car en disant qu'Allah (ﷻ) a voulu la foi et le mécréant a choisi l'impiété, et, ainsi, la volonté de l'impie a pris le dessus sur la volonté divine: ce qui constitue la plus aberrante des croyances et ce qui, en plus, manque de preuves.

Ce n'est pas une injustice qu'Allah (ﷻ) choisît l'impiété pour le mécréant, comme le prétendent les Qadarites, car Allah (ﷻ) a la connaissance absolue de ses décrets et de leurs buts occultés à l'esprit humain.

Muslim rapporta qu'Abou Al-Aswad Ad-Dou'ali dit: Imran Ibn Al-Hussein me dit: vois-tu ce que les gens font, penses-tu qu'ils accomplissent un Destin qui leur fut tracé auparavant ou qu'ils exécutent ce que leur Messager leur a apporté et imposé?

Je lui dis: non, ils accomplissent leur Destin préalable.

Il dit: n'est-elle pas une injustice?

La panique me prit et je lui dis: tout est créé et géré par Allah (ﷻ), nul n'a le droit de lui demander les raisons ou les buts de Sa volonté, mais les gens répondent de leurs actions auprès de Lui.

Il me dit: qu'Allah t'ait dans Sa miséricorde! Je n'avais pour intention que de tester ton esprit.

Deux hommes se rendirent auprès du Messager d'Allah (ﷺ) et lui demandèrent: Ô Messager d'Allah! Vois-tu *[que]* les gens travaillent et œuvrent; leur travail et leurs œuvres sont-ils l'accomplissement d'une volonté préalable ou l'exécution du Message de leur Messager?

Il (ﷺ) répondit:

«Non, c'est l'accomplissement de la Volonté divine prédestinée et le Saint Coran le confirme quand il affirme:

﴿Et par l'âme et Celui qui l'a harmonieusement façonnée et lui a alors inspiré son immoralité de même que sa piété﴾

[Coran 91: 7-8]»

Abou Daoud rapporta qu'Ibn Ad-Deilami dit: je me suis rendu auprès d'Ibn Ka'b et lui dit: je me suis dernièrement senti être sous l'effet des Qadarites *[partisans du libre arbitre]*, veux-tu m'en parler? Peut-être qu'Allah (ﷻ) soulagera-Il mon cœur. Ibn Ka'b lui dit: si Allah (ﷻ) châtie les habitants de Ses cieux et ceux de Sa terre, il ne sera pas injuste envers eux. Et s'Il (ﷻ) manifeste Sa clémence envers eux, Sa miséricorde sera mieux que leurs actes et si tu dépenses tout l'or du monde pour la cause d'Allah (ﷻ), Il n'acceptera pas ton œuvre si tu ne crois pas en la Prédestination et si tu n'es pas convaincu que ce qui t'atteint ne devait pas te rater et ce qui te rate ne devait pas t'atteindre. Si tu meurs sans cette foi, tu iras en Enfer.

Puis, il se rendit successivement chez Abdallah Ibn Massoud (رضي الله عنه), Houdheifa Ibn Al-Yemène (رضي الله عنه) et Zeyd Ibn Thabete (رضي الله عنه) qui lui dirent la même chose.

En adoptant leur voie, les Qadarites ont choisi l'égarement du droit chemin. Omar Ibn Al-Heitham raconta qu'il voyageait un jour à bord d'un bateau en compagnie d'un Qadarite et d'un Mazdéen.

Le Qadarite demanda au mazdéen de se convertir à l'Islam. Ce dernier répondit: quand Allah le veut! Le Qadarite lui dit: Allah (ﷻ) le veut, mais Satan ne le veut pas. Et au mazdéen de dire: Allah et Satan ont voulu et la volonté de Satan a primé, donc Satan est plus fort. Dans une autre version, il dit: je suis avec le plus fort.

Dialogue des Sunnites avec les Qadarites

La logique mu'tazilite n'a pu résister devant les arguments solides du public sunnite sans parler de leurs savants.

On raconte qu'un bédouin rencontra 'Amr Ibn 'Obeid et lui dit: on m'a volé ma chamelle, prie Allah (ﷻ) pour qu'Il me la rapporte!

- 'Amr Ibn 'Obeid dit: ô Allah! La chamelle de ce pauvre a été volée et tu n'as pas voulu qu'elle soit volée, ô Allah! Rends-la-lui!

- Le bédouin s'exclama: oh! la chamelle est définitivement perdue et il n'y a plus d'espoir de la récupérer.

- 'Amr demanda: comment?

- Le bédouin dit: puisque Allah n'a pas voulu qu'elle soit volée et elle a été volée, comment puis-je espérer qu'Il veut qu'elle retourne et que Sa volonté s'accomplisse. Le bédouin se leva et partit.

La réponse d'Abou 'Issam Al-Qastalani à un Qadarite

Un homme demanda à Abou 'Issam Al-'Asqalani: vois-tu si Allah (ﷻ) m'empêche d'emprunter le droit chemin et m'oriente vers l'égarement et me châtie ensuite, est-Il alors juste? Abou 'Issam répondit: si le droit chemin lui appartient, il a le pouvoir de le donner à qui Il veut et d'en priver qui Il veut.

Débat entre Abdaljabbar Al-Hemedâni et Abou Is'haq Al-Esfarâini

Abdaljabbar Al-Hemedâni, l'une des figures les plus influentes dans les milieux mu'tazilites, rendit visite à Sahib Ibn Abbad et trouva chez lui Abou Is'haq Al-Esfarâini, l'un des grands imams sunnites. Quand il le vit, il dit: gloire à celui qui est pur de toute souillure.

- L'imam dit: gloire à celui dont le Royaume ne contient que ce qu'Il veut!

- Le juge dit: notre Seigneur, accepte-t-Il qu'Il soit désobéi?

- L'imam dit: Lui désobéit-on contre son gré?

- Le juge dit: vois-tu si Allah (ﷻ) m'empêche d'emprunter le droit chemin et m'oriente vers l'égarement et me châtie ensuite, a-t-Il raison ou tort envers moi?

- l'imam dit: s'Il t'empêche d'avoir ce qui t'appartient, Il a tort envers toi et s'Il t'empêche d'avoir ce qui Lui appartient, Il est seul juge de gracier celui qu'Il veut. Le juge demeura muet.

Dans l'histoire de Tabari, Gheilane dit à Meimoune Ibn Mahrane en présence de Hicham Ibn Abdalmalik:

- Allah (ﷻ) a-t-Il voulu qu'on Lui désobéisse?

- Meimoune répondit: Lui désobéit-on contre son gré?

Entre Omar Ibn Abdalaziz et Gheilane Ad-Dimachqi

Omar Ibn Abdalaziz eut la discussion suivante avec Gheilane Ad-Dimachqi, l'une des grandes figures mu'tazilites:

- Il lui dit: ô Gheilane! On m'a informé que tu es qadarite *[partisan du libre arbitre]*.

Il répondit: ils ont menti, ô commandeur des croyants!

Omar lui demanda: récite alors la Sourate de *Yâssîne*.

Il commença alors à réciter ladite Sourate:

﴿*Yâssîne*. Par le Coran plein de sagesse. Tu *[Mohammed]* es certes du nombre de Messagers, sur un droit chemin. C'est une Révélation de la part du Tout-Puissant, du Très-Miséricordieux, pour que tu avertisses un peuple dont les ancêtres n'ont pas été avertis: ils sont donc insouciants. En effet la Parole contre la plupart d'entre eux s'est réalisée: ils ne croiront donc pas. Nous mettrons des carcans contre leurs cous, et il y en aura jusqu'aux mentons; et voilà qu'ils iront têtes dressées. Et Nous mettrons une barrière devant eux et une barrière derrière eux; Nous les recouvrirons d'un voile: et voilà qu'ils ne pourront rien voir﴾ *[Coran 36: 1-9]*

- Gheilane dit: non, par Allah! C'est comme si je ne l'avais jamais récitée avant ce jour, ô commandeur des croyants! Je témoigne que je me repens du qadarisme.

- Omar dit: ô Allah (ﷻ)! Pardonne-lui s'il est sincère et fais-en un exemple pour les autres croyants s'il est menteur.

Mou'adh Ibn Jabal raconta qu'un ami lui dit: Al-Teimi se rendit chez Ibn 'Aoun et lui fit part de cette histoire. Ibn Aoun dit: je l'ai vu crucifié à Damas.

Abou Ja'far Al-Khetami nous dit aussi: j'étais présent quand Omar Ibn Abdalaziz convoqua Gheilane pour l'interroger sur ses idées sur la Prédestination. Il lui dit: malheur à toi, Gheilane! Veux-tu m'expliquer ce qu'on dit sur toi?

- Il répondit: ils racontent des mensonges sur moi, ô commandeur des croyants! Et ils disent sur moi ce que je n'ai pas dit.

- Omar lui demanda: que dis-tu du savoir?

- Il répondit: le savoir se réalise.

- Omar dit: tu as perdu ta cause. Vas-y et dis ce que tu veux, ô Gheilane, si tu reconnais l'omniscience, tu es battu et si tu la nies, tu es mécréant. Mais que tu la reconnais en perdant la cause est mieux que de la nier et de devenir ainsi mécréant.

- Il lui dit ensuite: récites-tu la sourate de *Yâssîne*?

- Oui.

- Récites-la alors.

- ﴾*Yâssîne*. Par le Coran plein de sagesse...﴿

jusqu'au verset qui dit:

﴾En effet la Parole contre la plupart d'entre eux s'est réalisée: ils ne croiront donc pas.﴿

- Arrête, que vois-tu?

- C'est comme si je n'avais jamais récité ce verset, ô commandeur des croyants!

- Enchaîne....

- ﴿Nous mettrons des carcans contre leurs cous, et il y en aura jusqu'aux mentons: et voilà qu'ils iront têtes dressées. Et Nous mettrons une barrière devant eux et une barrière derrière eux﴾ *[Coran 36: 8-9]*

- Omar lui dit: dis

﴿Nous les recouvrirons d'un voile: et voilà qu'ils ne pourront rien voir﴾ *[Coran 36: 9-10]*

- Que vois-tu?

- C'est comme si je n'avais jamais récité ces versets, ô commandeur des croyants! Et je m'engage devant Allah (ﷻ) que je ne discuterai plus jamais des sujets que j'évoquais.

- Pars alors.

Quand il partit, Omar pria: ô Allah! S'il n'est pas honnête dans sa promesse, qu'il goûte à la "chaleur" de l'arme.

Durant tout le règne d'Omar, Gheilane ne parla plus de qadarisme. Quand Yazid Ibn Abdalmalik prit le pouvoir, il manifesta un désintérêt total à propos de cette question et Gheilane se donna de nouveau la liberté d'évoquer ce sujet dans toutes ses discussions.

Quand Hicham hérita du califat, il convoqua Gheilane et lui demanda: je sais que tu as promis à Omar de ne jamais évoquer ce sujet.

- Pardonnez-moi, je ne le referai plus.

- Allah (ﷻ) ne me pardonnera pas si je ne te tue pas; peux-tu réciter la *Fatiha* du Coran?

- Oui.

- Récite:

﴾Louange à Allah le Seigneur de l'univers, Louange à Allah le Seigneur de l'univers, le Tout-Miséricordieux, le Très-Miséricordieux, Maître du Jour de la Rétribution, c'est Toi que nous adorons et c'est Toi dont nous implorons secours﴿
[Coran 1: 2-5]

- Arrête! Quel secours tu Lui as demandé? Pour une chose qui Lui appartient et que tu ne peux pas faire ou pour une chose qui t'appartient et que tu veux faire? Prenez-le, coupez-lui les mains et les pieds, décapitez-le et crucifiez-le.

Les Qadarites négateurs ont été privés de demander le secours d'Allah l'Unique, car ils prétendaient qu'Il n'avait aucun pouvoir sur les gens et que l'homme est le seul créateur de ses actes. Comment alors peuvent-ils demander le secours d'Allah (سبحانه وتعالى) dans des choses qu'Il ne peut pas faire?

Ces gens-là dépendent dans leurs actes sur leurs propres volonté et puissance, et demandent dans le même temps la récompense d'Allah (سبحانه وتعالى), tout comme l'employé qui demande son salaire de son employeur. Allah (سبحانه وتعالى) se dispense de Ses serviteurs et leurs actes. Au contraire, ce sont ces derniers qui ont recours à leurs actes pour en bénéficier auprès d'Allah (سبحانه وتعالى). Ils ne peuvent en aucun cas se dispenser du secours d'Allah (سبحانه وتعالى):

﴾C'est Toi que nous adorons et c'est Toi dont nous implorons secours﴿ *[Coran 1: 5]*

﴾Adore-Le donc et place ta confiance en Lui﴿
[Coran 11: 123]

Suspicions et répliques

1- Le sens de l'effacement et de la confirmation dans les Feuillets, et le prolongement et l'abrègement de la vie:

Certains versets du Saint Coran ou certains Hadiths du Messager d'Allah peuvent prêter à confusion auprès de certains qui se demanderaient: si Allah est omniscient de ce qui existe et qu'Il (ﷻ) a décrété tout cela dans le Livre, que signifie donc les propos du verset qui dit:

﴿Allah efface ou confirme ce qu'Il veut﴾ *[Coran 13: 39]?*

Et si les moyens de subsistance, la vie et le sort final des gens sont écrits avec précision, que veut alors dire le Hadith du Messager d'Allah (ﷺ):

«Quiconque souhaite qu'Allah le pourvoie dans sa subsistance et prolonge sa vie, qu'il maintienne le lien du sang [familial]»?

Comment par ailleurs expliquer ce que Nouh (ﷺ) dit à son peuple:

﴿Adorez Allah, craignez-Le et obéissez-moi, pour qu'Il vous pardonne vos péchés et qu'Il vous donne un délai jusqu'à un terme fixé﴾ *[Coran 71: 3]?*

Pour répondre à ces questions, il faut d'abord commencer par distinguer un fait important. Il y a deux genres de subsistance et de vie:

Le premier est prédestiné et écrit dans l'Ecriture-Mère. Ce genre est irrévocable et inéchangeable. Le second concerne les éléments qu'Allah (ﷻ) a révélés à ses Anges, et ce type est susceptible au changement par excès ou par défaut. Allah (ﷻ) dit:

﴿Allah efface ou confirme ce qu'Il veut et l'Ecriture-Mère est auprès de Lui﴾ *[Coran 13: 39]*

L'Ecriture-Mère ou primordiale n'est autre que la "Tablette préservée'' dans laquelle Allah (ﷻ) décréta tout.

Dans les écritures des Anges, la vie peut se prolonger ou être écourtée, et la subsistance peut augmenter ou se réduire, car les Anges écrivent la durée de la vie et les moyens de subsistance d'une personne, et si celle-ci maintient le lien de sang, sa vie sera prolongée et ses moyens de subsistance augmentés, sinon ce sera le contraire.

Il y a aussi deux types de durée de vie. Une durée absolue que seul Allah (ﷻ) connaît et une durée conditionnée. Pour ce dernier type, Allah (ﷻ) ordonne à l'Ange de déterminer la date de la mort de la personne, si cette dernière manifeste un intérêt au maintien du lien de sang, Allah (ﷻ) ordonne alors l'Ange de prolonger sa vie et augmenter ses moyens de subsistance. L'Ange ne sait pas si la personne bénéficie réellement d'un prolongement ou non, car seul Allah (ﷻ) le sait. Allah (ﷻ) a la connaissance exclusive du sort final, et quand ce sort se réalise, il ne peut être ni reporter à plus tard ni ramené à plutôt.

Ibn Hajar Al-'Asqalani dit: le savoir préalable d'Allah (ﷻ) ne change point, mais ce qui est susceptible au changement, ce sont les actes apparents des gens. Ces actes entrent dans le savoir des Anges chargés des sorts des êtres humains et peuvent être sujets d'effacement ou de confirmation, tels que le prolongement et l'abrègement de la vie. Par contre, toutes les choses qui sont du ressort de l'omniscience d'Allah (ﷻ) demeurent au-delà de l'effacement et de la confirmation.

2 - Le compromis entre la prédestination et le Hadith qui dit: «Tout être humain naquit avec l'innéité *(Al-fitra)*...»

Certains peuvent se demander comment Allah (ﷻ) a décrété toute chose bien que le Messager d'Allah (ﷺ) ait dit que *«tout être humain naquit avec l'innéité* (Al-fitra)*»?*

La réponse à cette question est que, en fait, il n'y a pas de contradiction entre les Textes qui indiquent que tout est prédestiné et ceux qui affirment que nous naissons comme une feuille blanche qui sera remplie plus tard.

Allah (﷿) donne à Ses serviteurs la disposition naturelle de distinguer entre les croyances justes et celles, erronées, de suivre les premières et de s'éloigner des dernières. Quand les êtres humains sont nés, les diables des humains et des djinns les entourent et corrompent leur disposition naturelle en la modifiant. Allah (﷿) sauvegarde ceux qu'Il veut qu'ils soient sur le droit chemin.

Allah (﷿) sait qui sera fixé sur la disposition naturelle juste et qui sera corrompu: c'est un savoir éternel et écrit. Donc, il n'y a pas de contradiction entre ces Textes.

Dans le Hadith rapporté par Muslim, le Messager d'Allah (ﷺ) nous rapporte les propos de son Seigneur Qui dit (ﷺ) *[hors Coran]*:

«J'ai créé Mes serviteurs purs, et les diables les ont corrompus en leur interdisant ce que J'ai permis pour eux et en leur commandant d'associer à Moi des entités impuissantes.»

Allah (﷿) sait aussi qui sera corrompu par les diables et sait qui sera guidé vers le droit chemin.

En comprenant cette vérité, il sera facile d'interpréter en toute justesse les propos du Messager d'Allah (ﷺ) quand il dit:

«Allah créa Yahia Ibn Zakaria dans l'utérus de sa mère croyant et créa Pharaon dans l'utérus de sa mère mécréant.» (Tabarani)

3 - Si tout est prédestiné, quel est donc le sens du verset:

﴾Tout mal qui t'atteint vient de toi-même﴿?

Certains Qadarites négateurs utilisent comme argument le verset coranique qui dit:

﴾Tout bien qui t'atteint vient d'Allah et tout mal qui t'atteint vient de toi-même﴿ *[Coran 4: 79]*

Ils croient que les bonnes et les mauvaises œuvres dans ce verset désignent l'obéissance et la désobéissance.

Ils ont mal entendu le sens du verset, car les bonnes œuvres signifient ici les bienfaits, et les mauvaises œuvres signifient les épreuves. Pour mieux clarifier cette exégèse, nous citons dans ce contexte un autre verset qui dit:

﴾Où que vous soyez, la mort vous atteindra, fussiez-vous dans des tours imprenables. Qu'un bien les atteigne, ils disent: c'est de la part d'Allah. Qu'un mal les atteigne, ils disent: c'est dû à toi *[Mohammed]*. Dis: tout est d'Allah. Mais qu'ont-ils ces gens à ne comprendre presque aucune parole?﴿ *[Coran 4: 78]*

Allah (سبحانه وتعالى) raconte que chaque fois que les hypocrites reçoivent un bienfait tel que la fortune, la victoire ou la santé, ils disent: ceci vient d'Allah (سبحانه وتعالى). Et quand ils sont atteints d'un mal tel que la maladie ou la peur d'un ennemi, ils disent: ceci est dû à Mohammed, étant donné qu'il est le Messager de cette religion qui leur a valu l'animosité des gens.

Les bonnes œuvres désignent, ici, les bienfaits et les mauvaises œuvres signifient le mal. Allah (سبحانه وتعالى) dit à ce sujet:

﴾Qu'un bien vous touche, ils s'en affligent. Qu'un mal vous atteigne, ils s'en réjouissent. Mais si vous êtes endurants et pieux, leur manigance ne vous causera aucun mal. Allah connaît parfaitement ce qu'ils font﴿ *[Coran 3: 120]*

Et Il dit (سبحانه وتعالى):

﴾Nous les avons éprouvés par des bienfaits et par des méfaits, peut-être reviendraient-ils au droit chemin?﴿

[Coran 7: 168]

Allah affirme aussi que les bienfaits et les méfaits découlent tous de sa Prédestination et de Sa Volonté:

> ﴾Dis: tout est d'Allah. Mais qu'ont-ils ces gens à ne comprendre presque aucune parole?﴿ *[Coran 4: 78]*

Allah (ﷻ) a démontré que les mauvaises œuvres qui sont des épreuves n'ont pour cause que le péché du serviteur lui-même, alors que les biens ont des causes innombrables, car il s'agit des bienfaits d'Allah (ﷻ) que le serviteur récolte par son travail et sans travail. Il est du devoir des serviteurs de manifester leur gratitude et de louer Allah (ﷻ) pour les bienfaits dont Il les a comblés. Ils doivent aussi exprimer leur repentir et demander Son pardon à tout moment pour les péchés qu'ils ont commis et qui leur ont valu tant de maux.

En méditant la Parole divine qui dit: ﴾Qu'un bien te touche...﴿ et ﴾... Qu'un mal t'atteigne﴿, tu sauras que l'œuvre pie et le mauvais acte sont des actes divins en direction des serviteurs, tout comme les bienfaits et les méfaits. Pour ce qui est de ﴾de toi-même﴿, il veut dire: à cause des péchés du serviteur et ceci, quoique prédestiné, Allah (ﷻ) a voulu que l'épreuve soit le résultat du péché.

Les bonnes et mauvaises œuvres qui sont des actes humains ne s'appliquent pas au verset: ﴾Qu'un bien te touche...﴿, mais plutôt au verset qui dit:

> ﴾Quiconque viendra avec le bien, aura mieux que cela encore; et quiconque viendra avec le mal, qu'il sache que ceux qui commettront des méfaits ne seront rétribués que selon ce qu'ils auront commis﴿ *[Coran 28: 84]*

Ici Allah (ﷻ) a utilisé ici le terme *viendra*, car l'œuvre pie vient de la personne, et c'est ainsi qu'Il a affirmé cela dans la rétribution des pécheurs:

> ﴾Ne seront rétribués que selon ce qu'ils auront commis﴿.

4 - Comment Allah crée le mal et le prédestine

Certains Qadarites *[partisans du libre arbitre]* reviennent à la charge en disant: Allah (ﷻ) est au-dessus du mal et il est, par conséquent, impératif que les êtres humains hissent leur Seigneur au-dessus du mal et des méfaits. Ceux-là ont confondu le juste avec le faux et sont tombés dans l'aberration.

La réponse à cet argument spécieux qui prête à confusion est que le Tout-Puissant (ﷻ) ne crée pas le mal pur qui ne contienne aucun bien ou utilité à personne et qui n'ait aucune finalité, car Allah (ﷻ) ne rétribue pas les gens sans péchés. Les savants, notamment Ibn Taymiya, Ibn Al-Qayim et d'autres, ont démontré la sagesse et le but derrière la création de Satan, des insectes et de certains bestiaux sauvages.

La même chose peut être créée pour des considérations de bien ou de mal Allah (ﷻ) a créé Satan pour éprouver Ses serviteurs dont certains le haïssent et le combattent pour sauvegarder leur fidélité envers leur Seigneur, alors que d'autres lui sont partisans et suivent ses pas.

SECTION 2

CEUX QUI RENONCENT A L'ACTION SOUS PRETEXTE DE PREDESTINATION

Un autre groupe s'est égaré sur la question de la Prédestination en assumant qu'Allah (ﷻ) est omniscient et connaît tous nos actes, qu'Il a la connaissance absolue de notre sort, que se soit au Paradis ou en Enfer, et qu'Il est le Créateur de nos actes. Ce groupe se demande par conséquent: pourquoi œuvrons-nous? Pourquoi ne pas laisser la Prédestination déterminer notre sort, puisque nous aurons notre Destin, que nous le voulions ou pas.

Cette conviction s'est enracinée dans un grand nombre de cercles, notamment les soufis, les ascètes et les fakirs, et cette interprétation de la Prédestination existe toujours, surtout dans les milieux où l'ignorance est dominante.

Ce groupe croit en la Prédestination et croit aussi qu'Allah (﷾) est omniscient et créateur de toute chose, mais ils ont prétendu que toute créature découle de la volonté et du désir d'Allah, et que les êtres humains n'ont besoin ni de travailler ni de travailler dans cette vie, tout leur étant prédestiné. Ils ont aussi prétendu que les humains sont astreints dans leurs actes. Pour ces cercles, l'homme n'a aucune force motrice propre à lui, mais il ressemble à une plume livrée au vent ou un objet dégringolant du sommet d'une montagne vers le fond d'un ravin très profond, sans aucune puissance.

Ces gens-là ont abandonné le travail sous prétexte qu'une telle action ne changerait en rien le destin. Ils sont allés encore plus loin, en attribuant les mauvaises œuvres à la Prédestination, à tel point qu'ils ont éliminé la ligne qui sépare la foi de l'impiété. Pour eux, il n'y a pas de différence entre les deux, car toute chose est créée par Allah (﷾).

Cette doctrine dévoyée a égaré tant d'esprits et les a mis à la dérive, et les notions de la justice et du droit se sont perturbées. Cette doctrine corrompue a causé la perte d'énergies dans le monde musulman et paralysé les esprits et les volontés; et par son action, elle a parfois rendu un grand service aux ennemis de l'Islam.

De par les effets de cette doctrine émergea la croyance qu'Allah (﷾) aime l'impiété, le polythéisme, le meurtre, la fornication, le vol, l'ingratitude envers les parents et d'autres péchés et actes de désobéissance, car ils prétendent qu'Allah (﷾) aime tout ce qu'Il crée.

Parmi les conséquences de cette fausse interprétation de la Prédestination, il y a notamment l'abandon de toute bonne œuvre qui puisse mener la personne au Paradis et la sauvegarder de l'Enfer. Les partisans de cette doctrine se sont donc lancés dans les mauvaises œuvres sous prétexte que la Prédestination est inévitable, et que l'homme aura ce qui lui est écrit. Alors, semblent-ils dire, pourquoi l'action et la fatigue?

Ils ont abandonné la prière, le jeûne, l'invocation d'Allah (سبحانه وتعالى) et même la confiance en Lui (سبحانه وتعالى), car ces œuvres-là sont inutiles, étant donné que seule la volonté d'Allah (سبحانه وتعالى) se réalise et rien ne peut l'arrêter.

Ils ont même accepté l'injustice et la corruption, car pour eux, ces actes découlent aussi de la volonté divine. Ils ont abandonné le principe fondamental du commandement de *[ce qui est]* convenable et de l'interdiction de *[ce qui est]* blâmable, l'application des règles dissuasives religieuses, car les crimes sont destinés et la volonté humaine n'y est pour rien.

Ibn Taymiya s'opposa farouchement dans ses ouvrages à ce groupe et à leur doctrine.

Il dit, entre autres: "Ceux qui ont reconnu le Décret Divin et la Prédestination et prétendent qu'elles correspondent au commandement et à l'interdiction, veulent dépouiller la religion de tous ses éléments et suspendre les commandements et les interdits tout en reconnaissant la suprématie divine sur toutes les créatures et l'omnipotence d'Allah (سبحانه وتعالى) sur toute chose. Ce sont là les convictions et la condition de certains groupes dont les soufis et les fakirs, et certains parmi eux ont même permis ce qui est interdit et suspendu les devoirs et levé les sanctions."

Il dit aussi: "Ces gens-là estiment qu'Allah (سبحانه وتعالى) est le Créateur de toute créature et Il est donc le Créateur des actes humains. Ils ne distinguent guère la foi de l'impiété, la gratitude de l'ingratitude, le juste du faux, le droit chemin de la déviation, le vrai prophète du charlatan, l'ami de l'ennemi, la satisfaction d'Allah (سبحانه وتعالى) de Sa colère, les actes aimés d'Allah (سبحانه وتعالى) des actes réprimés, la justice de l'injustice, les œuvres de ceux voués au Paradis de ceux voués à aller en Enfer et les bienfaiteurs des malfaiteurs. Ils ne croient qu'à une chose: la réunion des créatures sous la coupole de la Prédestination qui se réalise et la Volonté divine qui s'accomplit. Ils ont alors reconnu le dénominateur commun et négligé les éléments de divergence.''

''Il se peut que les tenants de cette voie aillent à l'extrême en disant que l'essence des créatures reflète Allah (سبحانه وتعالى), justifiant, ainsi, les mauvaises œuvres par la volonté divine. Al-Hariri dit à ce propos: je suis infidèle à un dieu à qui on désobéit, et le juif qui dit: je suis ce qu'Il a choisi pour moi, alors tous mes actes constituent une obéissance. Ils appellent cela la vérité, en tant que réalité *[divine]* de la Seigneurie absolue.''

Ibn Al-Qayim s'opposa également à ce groupe et exposa leurs aberrations dans son ouvrage intitulé *Le remède du malade*. Il dit: un autre groupe s'est distingué par ses présomptions qui veulent que les actes humains voulus - et il n'y a pas de volonté absolue autre que Celle d'Allah (سبحانه وتعالى) - ressemblent au mouvement des arbres quand le vent souffle et au mouvement des vagues. A leurs yeux, l'homme est astreint à l'obéissance, sans choix.

Ce groupe a eu des partisans qui ont emboîté le pas et conditionné leur vie au déterminisme pur; et de nouvelles théories ont été ajoutées à ce qui a précédé, telles que l'interprétation qui veut qu'Allah (سبحانه وتعالى) charge les serviteurs de tâches supérieures à leurs capacités. Ils disent que la foi et les commandements constituent une charge qui n'est pas du ressort de l'acte humain ni de sa capacité, mais une tâche provenant de Celui qui se réserve la création de l'acte, qui est l'Omnipotent. Allah (سبحانه وتعالى) a donc chargé Ses serviteurs de Ses actes, alors qu'ils n'en sont pas capables, puis Il les rétribue pour ces actes. Et en vérité ils ne sont pas les créateurs de ces actes.

D'autres ont dit qu'il n'y a absolument pas de péchés dans l'univers, car celui qui a péché ne fait qu'exécuter la volonté du Créateur: je suis ce qu'Il a choisi pour moi, alors tous mes actes constituent une obéissance.

D'autres partisans de cette doctrine ont même reproché à Allah (ﷻ) ces actes en disant: si j'ai désobéi à Son Commandement, je n'ai fait que réaliser sa volonté et celui qui suit la volonté n'est ni critiquable ni blâmable. Pour eux, la volonté divine et l'amour constituent un seul élément, car tout ce qui existe dans l'univers est le résultat de la volonté divine et Allah (ﷻ) aime tout ce qu'Il veut.

Les partisans de cette doctrine fait assumer la pire des choses à Allah (ﷻ) et Lui (ﷻ) ont attribué la pire des injustices. Ils disent que les Commandements et les Interdits d'Allah (ﷻ) ressemblent à l'ordre donné à une personne pour qu'elle se hisse au-dessus du ciel, ou à un mort pour qu'il ravive les morts; Allah (ﷻ) châtie les gens pour des actes qu'ils n'ont pas la capacité de faire ou de ne pas faire; Il les punit pour des actes qui reviennent au Créateur et non à la créature, car ce dernier est astreint. L'un de leurs poètes dit:

Il l'a jeté ligoté dans la mer
Et lui a ordonné de ne pas se mouiller!

Ibn Al-Qayim s'est rendu compte que ce groupe a voulu se dégager de ses péchés en faisant porter leur responsabilité à la Prédestination, et se porter innocents de tous les méfaits en disant que ces péchés sont le fait du Créateur et du Connaisseur.

Il s'est aussi rendu compte que cette interprétation de la Prédestination à été la cause derrière la domination du déterminisme durant les époques précédentes. Il dit que la doctrine déterministe dégage la responsabilité de tout acte des êtres humains et l'endosse à la force qui contrôle la volonté humaine et oriente les désirs et le comportement de l'homme. La plupart des gens ont donc adopté cette doctrine: les païens croient que leurs idoles sont responsables de leur sort. Les monothéistes estiment, quant à eux, qu'Allah (تعالى) prédestine les sorts selon Sa volonté et que l'homme est dépouillé de toute volonté et n'a aucun choix. Cette doctrine a prédominé au cours de l'ère contemporaine et prit un nouvel aspect. Les déterministes disent que la volonté de l'homme est conditionnée par les instincts, l'hérédité et l'environnement, et que l'être humain n'est pas responsable de ces éléments et, par conséquent, on ne peut lui reprocher les méfaits et les péchés qu'il commet, étant donné que la volonté n'a aucun effet sur les facteurs psychologiques puisqu'elle est le fruit de ces facteurs et toujours soumise aux effets intrinsèques ou extrinsèques de la personnalité.

Quand l'idée du déterminisme se propagea parmi les musulmans au cours de l'époque précédente à travers les groupes égarés et les soufis, elle eut un effet néfaste et destructeur surtout qu'elle appelait à l'abandon du travail, car le sort devait prendre son cours:

Le sort se joue
Que tu bouges ou que tu restes immobile!
C'est une folie de ta part de chercher la subsistance,
Car Il en assure même au fœtus

L'interprétation de la Prédestination de cette manière mène à l'incroyance en Allah et à la non-fiabilité de Ses enseignements et des Messages de Ses Messagers.

Ibn Taymiya dit: celui qui interprète ainsi la Prédestination et l'exploite pour abroger les Commandements et les Interdits est pire que celui qui confirme les Commandements et les Interdits tout en rejetant la Prédestination. Les musulmans et les autres religions sont d'accord sur ce fait, car celui qui utilise la Prédestination et la volonté divine comme prétexte pour dépouiller la volonté humaine de toute action et confond ce qui est un devoir et ce qui est un interdit, le croyant et l'impie, ne croit en réalité ni aux Messagers d'Allah ni aux prescriptions divines. Pour un tel homme, Adam (عليه السلام) et Satan, Noé (عليه السلام) et son peuple, Moïse (عليه السلام) et Pharaon ne font qu'un.

Il dit aussi: celui qui reconnaît le Savoir préalable d'Allah (ﷻ) et Son Livre, mais prétend que ce Savoir prime les commandements, les interdits et le travail, et annule toutes les œuvres, est encore plus impie que ceux qui nient la Prédestination. Celui-ci est encore plus égaré, car sa doctrine implique tout simplement le dépouillement absolu de tout sens des commandements et des interdits, du permis et de *[ce qui est]* prohibé, des promesses et des avertissements divins, et ce genre de gens sont de loin plus incroyants que les chrétiens et les juifs.

Il dit encore: quand ces gens-là insistent sur ces convictions, ils se déclarent en fait plus incroyants que les chrétiens et les juifs, étant donné que ces derniers croient aux commandements et aux interdits, aux promesses et aux avertissements divins, à la récompense et au châtiment, mais ils ont changé et falsifié certains éléments et nié d'autres.

Réponse aux Qadarites déterministes

1- Leur erreur dans l'appellation du déterminisme sur l'homme et ses actes

Cette doctrine a utilisé un terme que ni le Saint Coran ni la Sunna n'ont évoqué, alors qu'il est du devoir des croyants de faire usage de la terminologie utilisée dans les Textes.

Al-Lâlikâ'i dit: j'ai demandé à Al-Awzâ'i et Az-Zoubeidi de m'expliquer le déterminisme.

Az-Zubeidi dit: la volonté et l'omnipotence d'Allah (ﷻ) sont absolues et au-dessus de la contrainte, mais Il prédestine, crée et donne les Dispositions qu'il aime à Ses créatures.

Al-Awzâ'i dit: je n'ai pas trouvé l'origine du déterminisme dans le Saint Coran et la Sunna et je me garde d'en parler. Toutefois, le

Décret Divin, la Prédestination, la Création et la Prédisposition sont des éléments connus dans le Saint Coran et la Sunna du Prophète.

Ces même propos ont été rapportés d'autres savants du *Salaf* (premières Générations) notamment Soufiane Al-Thawri, Abou Is'haq Al-Fezari et d'autres.

Les savants ont refusé de dire que l'homme est astreint dans ces actes, car l'astreinte est un terme vague qui peut signifier la contrainte qui dépouille la personne de sa volonté. Cela implique qu'Allah contraint Ses serviteurs d'agir contrairement à leur volonté et ne leur laisse pas le choix de leurs actes.

C'est donc une grande erreur de donner cette qualité déterminante et contraignante à Allah (سبحانه وتعالى) le Tout-Puissant, car notre Seigneur est plus sublime pour contraindre quelqu'un. Allah (سبحانه وتعالى) a le pouvoir de faire faire à la personne ce qu'elle veut faire en toute liberté de volonté et de choix, mais ne la contraint pas comme le fait une créature qui contraint une créature à faire ce qu'elle lui dicte en la dépouillant de son libre choix.

Le déterminisme qui veut dire qu'Allah (سبحانه وتعالى) oriente les gens à agir selon leur propre choix sans contrainte est le seul déterminisme acceptable, et les ancêtres ont expliqué la qualité du déterminant par celui qui détermine et dicte ce que les gens veulent.

Cependant, et vu la nature vague et absolue du terme qui implique des interprétations différentes, les ancêtres ont interdit son usage que se soit pour le confirmer ou pour l'infirmer.

Ibn Taymiya rapporta d'Abou Bakr Al-Khallal que Merwedhi demanda à Ahmed: ô Abou Abdallah! Que dis-tu d'un homme qui dit qu'Allah (سبحانه وتعالى) contraint Ses serviteurs? Il répondit: nous ne disons pas cela et nous le nions, car Allah (سبحانه وتعالى) guide ceux qu'Il veut et égare ceux qu'Il veut.

Merwedhi rapporta qu'un homme a dit: Allah (ﷻ) n'a pas contraint Ses serviteurs à pécher. Un autre contesta cette thèse en disant qu'Allah (ﷻ) contraignait les hommes et que la Prédestination était une réalité. On demanda alors l'avis d'Ibn Hanbel qui nia tout de suite la contrainte et le déterminisme absolu et ordonna à l'homme de dire: Allah guide ceux qu'Il veut et égare ceux qu'Il veut.

Abou Is'haq Al-Fezari disait: deux hommes demandèrent à Al-Awzâ'i son avis sur la Prédestination. Mais ce dernier demanda à Al-Fezari de leur répondre.

Les deux hommes, une fois autorisés à parler, l'informèrent qu'ils avaient discuté avec des Qadarites de la question de la Prédestination et que la discussion avait abouti à la conclusion suivante: Allah (ﷻ) nous contraint à faire ce qu'Il interdit, Il nous éloigne de Ses Commandements et nous donne comme bienfaits ce qu'Il a prohibé!

Al-Fezari leur dit: écoutez! Ceux-là ont abouti à l'hérésie et l'innovation et je vois que vous n'en êtes sortis que pour y revenir!

Al-Awzâ'i dit alors: tu as si bien parlé, ô Abou Is'haq *[Al-Fezari]*!

2- Leur contestation du libre arbitre des actes humains est un manquement à la raison

Ceux qui prétendent que l'homme n'a pas de volonté se sont dépouillés de leur raison. Ils se sont égarés et ont égaré les autres avec eux. Nous savons tous que l'être humain ne ressemble pas aux choses inertes qui n'ont aucun pouvoir sur leurs mouvements et leur immobilité.

Nous faisons la différence entre les mouvements involontaires qui se produisent dans nos corps et les mouvements réfléchis. Le mouvement du cœur, des poumons, la circulation sanguine dans les artères et les veines et d'autres mécanismes qui ont lieu dans nos corps et qui se comptent par milliers, se produisent en dehors de notre volonté. Ce sont des mouvements involontaires que l'homme ne peut contrôler.

Par ailleurs, des actes tels que la nourriture, le déplacement, les transactions, le départ, l'arrivée, le mariage, le divorce et d'autres encore sont des actes réfléchis et volontaires. Ceux qui dépouillent l'homme de ce pouvoir se sont égarés et ont perdu la raison.

Le Saint Coran compte un nombre déterminé de textes qui parlent des actes volontaires:

﴿Et du bout de la ville, un homme vint en toute hâte﴾ *[Coran 36: 20]*

﴿Puis quand toux deux se furent soumis et qu'il l'eut jeté sur le front﴾ *[Coran 37: 103]*

﴿Moïse lui donna un coup de poing qui l'acheva﴾ *[Coran 28: 15]*

﴿Il sortit à son peuple dans tout son apparat﴾ *[Coran 28: 79]*

Les Textes sur ce sujet sont multiples et difficiles à délimiter dans ce contexte.

3- Leur présomption que toute chose décrétée et créée par Allah est acceptable par Lui

Cette présomption est fausse, car Allah (ﷻ) a voulu l'existence de l'incroyance, le polythéisme, les péchés, la malfaisance, la fornication, l'ingratitude envers les parents, le mensonge et l'abus des propriétés d'autrui, mais Il déteste ces mauvaises caractéristiques et interdit à Ses serviteurs d'y tomber.

Ibn Al-Qayim dit: Ibn Taymiya me dit qu'il a reproché à certains partisans de cette doctrine leur amour de choses qu'Allah (ﷻ) et Son Messager (ﷺ) détestent. Ils ont répondu que l'amour est un feu qui brûle dans le cœur tout ce qui n'est pas voulu par l'Aimé, tout ce qui existe est voulu par Lui, alors que dois-je détester?

Ibn Taymiya répondit: si Allah (ﷻ) a maudit des gens et les a bannis de Sa grâce et si tu entretiens de l'amitié et de l'affection envers ces gens et que tu acceptes leurs actes, seras-tu avec ou contre Allah (ﷻ)?

Le déterministe ne put répondre à l'argument d'Ibn Taymiya et préféra se taire.

Nous traiterons encore d'avantage de cette question dans le chapitre réservé à la volonté universelle et la volonté religieuse ou "légale".

4- Leur présomption que la croyance en la Prédestination implique la renonciation à toute action

Les Qadarites déterministes sont tombés dans l'erreur lorsqu'ils prétendent que croyance en la Prédestination exclut le travail et l'action. Ils ont mal entendu la vraie signification de la Prédestination, car Allah (ﷻ) a décrété les causes et les effets, et Il (ﷻ) n'a pas décrété d'effets sans causes.

Si Allah (ﷻ) veut doter matériellement une personne, Il (ﷻ) crée les causes qui mènent à cet état, et la personne doit provoquer les causes pour aboutir au résultat. Celui qui prétend que cette personne n'a nullement besoin d'agir pour réaliser ce qu'Allah (ﷻ) a prédestiné pour lui et que ce Destin viendra de lui-même jusqu'à elle, a tort et ne comprend rien à la Prédestination d'Allah (ﷻ).

Si Allah (ﷻ) décrète qu'untel aura un enfant, son Destin est, alors, de se marier et d'avoir un contact sexuel avec sa femme pour provoquer les causes donnant l'effet escompté.

Allah (ﷻ) décrète qu'untel ira au Paradis, mais décrète aussi que cet homme fera le bien et suivra le droit chemin. Quand Allah (ﷻ)

décrète par contre qu'untel ira en Enfer, Il (سبحانه وتعالى) en décrète en même temps les causes notamment l'incroyance et l'impiété.

Allah (سبحانه وتعالى) décrète qu'une personne tombe malade, celle-ci prend des médicaments et guérit: ce qui veut dire qu'Allah (سبحانه وتعالى) a décrété la maladie et le remède.

Allah (سبحانه وتعالى) décrète qu'untel L'implore et demande Son aide et répond à son imploration, il décrète aussi qu'une autre personne ne l'implore guère et se passe de Son aide, alors, Il (سبحانه وتعالى) l'abandonne à soi-même. Allah (سبحانه وتعالى) crée les effets et les causes et celui qui prétend que l'effet se produit sans cause ne comprend pas sa religion et ne connaît pas la Prédestination d'Allah (سبحانه وتعالى). Il ressemble à celui qui assume que l'enfant vient sans cause, que les plantes germent sans eau ni terre, et que la satiété se produit sans manger et sans boire.

Les Textes démontrant ces faits sont nombreux; le Livre Saint et la Sunna sont riches en Commandements qui appellent les gens à chercher les causes pour provoquer les effets dans tous les domaines de la vie.

Allah (سبحانه وتعالى) dit:

﴾Puis quand la prière est achevée, dispersez-vous sur terre et recherchez de la grâce d'Allah﴿ *[Coran 63: 10]*

﴾Parcourez donc ses grandes étendues. Mangez de ce qu'Il vous fournit﴿ *[Coran 67: 15]*

﴾Et préparez pour eux tout ce que vous pouvez comme force et comme cavalerie équipée, afin d'effrayer l'ennemi d'Allah et le vôtre﴿ *[Coran 8: 60]*

Il (سبحانه وتعالى) a aussi ordonné aux pèlerins de s'approvisionner:

﴾Et prenez vos provisions, mais vraiment la meilleure provision est la piété﴿ *[Coran 2: 197]*

Il (ﷻ) a aussi ordonné qu'on L'implore et Lui (ﷻ) demande Son aide:

﴾Et votre Seigneur dit: appelez-Moi, Je vous répondrai﴿ *[Coran 40: 60]*

﴾Moïse dit à son peuple: demandez aide auprès d'Allah et soyez patients﴿ *[Coran 7: 128]*

Il a ordonné de chercher les moyens légitimes susceptibles d'assurer Sa satisfaction et l'entrée dans Son Paradis, notamment par la prière, le jeûne, l'aumône et le pèlerinage.

La vie du Messager d'Allah (ﷺ), celle de ses Compagnons (رضي الله عنهم) ainsi que la vie des Messagers témoignent que l'adoption de moyens est un Destin d'Allah (ﷻ) et ne se contredit guère avec la Prédestination.

Le Messager d'Allah (ﷺ) tint à sensibiliser ses Compagnons (رضي الله عنهم) sur le sens de la Prédestination qui nécessite le travail et l'adoption de moyens menant au but escompté et à la réalisation des ambitions. Les Compagnons (رضي الله عنهم) demandèrent au Messager d'Allah (ﷺ) si le travail était utile avec la Prédestination. Il (ﷺ) leur dit:

«Travaillez, chaque chose est facilitée pour le [but pour lequel] *elle a été créée.»* Il récita, alors, le verset qui dit:

﴾Celui qui donne et craint Allah et déclare véridique la plus belle Promesse, Nous lui faciliterons la voie au plus grand bonheur. Et quant à celui qui est avare et entiché de ses biens et traite de mensonge la plus belle promesse, Nous lui faciliterons la voie à la plus grande difficulté﴿

[Coran 91: 5-10]

Les Compagnons (رضي الله عنهم) comprirent alors le sens visé par Allah (ﷻ) et Son messager (ﷺ) après avoir entendu les Hadiths sur la

Prédestination. L'un d'eux disait: je n'ai jamais été aussi certain, avant ce jour.

Celui qui assimile bien la signification de la Prédestination sait que le Destin préalable n'empêche pas le travail et n'incite pas à la dépendance, mais pousse à l'œuvre soit pour la vie terrestre ou pour l'Au-delà.

Cependant, il faut se rendre compte que même avec l'adoption des moyens et les causes nécessaires qui mènent au but escompté, l'homme ne doit pas dépendre totalement de ses moyens, mais sur son Créateur (ﷻ).

Nos savants disent: la dépendance exclusive des moyens et des causes est une association à Allah (ﷻ) qui contredit le monothéisme. L'abrogation totale des causes est un manque de raison et la négligence des causes est une atteinte à la religion. La dépendance et l'espérance sont un sens qui se compose du monothéisme, de la raison et de la religion.

Autrement dit: la dépendance des causes est une dépendance du cœur et son espérance; deux éléments qui sont, à eux seuls, capables de réaliser l'effet escompté, alors que les créatures ne méritent pas cela, car elles n'existent pas indépendamment des autres éléments et doivent avoir des partenaires ou des opposants. En plus, si le pourvoyeur des causes ne les provoque pas, elles ne seront pas provoquées; c'est ce qui démontre qu'Allah (ﷻ) est le Seigneur et le Souverain de tout et que les cieux et la terre et ce qui est entre eux ainsi que les astres et ce qu'ils contiennent ont un Créateur au-dessus d'eux. Tout ce qui émane d'un astre, d'une planète, d'une royauté ou autre n'est jamais indépendant d'autres événements, lesquels se provoquent et agissent en partenaires ou s'opposent en antagonistes dressant les obstacles l'un pour l'autre.

Chaque cause a un partenaire et un antagoniste, et si son partenaire ne l'assiste pas ou si son opposant ne l'arrête pas, l'effet ne se produira pas. La pluie à elle seule ne cause pas la germination des plantes sans la participation de l'air, de la terre et d'autres éléments. Les plantes elles-mêmes ne peuvent pousser sans le traitement qui élimine les maladies végétales. La nourriture ne peut nourrir sans les organes et les forces qui régulent le corps et l'ensemble de ces organes. Ces forces et nourriture ne donneront l'effet voulu en présence d'éléments corruptibles.

Les sages parmi les gens savent qu'ils ne sont pas indépendants en agissant selon leur volonté, car les causes peuvent exister et des obstacles viennent à se mettre entre eux et ce qu'ils veulent:

> ﴾Puis, lorsque la terre prend sa parure et s'embellit, et que ses habitants pensent qu'elle est à leur entière disposition, Notre ordre lui vient, de nuit ou de jour; c'est alors que Nous la rendrons toute moissonnée, comme si elle n'avait pas été florissante la veille﴿ *[Coran 10: 24]*

Al-Lâlikâ'i raconta qu'un homme demanda à sa servante de lui apporter à boire. Elle lui apporta un verre de glace et y versa de l'eau. L'homme posa le verre sur la paume de sa main et le dirigea vers sa bouche en disant: les gens prétendent que je ne peux boire cela: la servante sera libérée si je ne la bois. L'esclave s'empressa, alors, de pousser le verre avec le bout de son habit, le verre tomba par terre, se cassa et l'eau coula au sol. Ainsi, la servante prouva à ce pauvre homme qu'il ne peut pas faire tout ce qu'il veut tant que la volonté divine n'intervient pas. Elle gagna, ainsi, sa libération de l'esclavage.

Tant de riches et de puissants ont cru que le monde est soumis à leur volonté, puis se sont trouvés impuissants à faire la moindre des choses, que ce soit à cause d'un ennemi plus ambitieux, d'une maladie, de la trahison d'un ami ou de la cupidité d'un proche.

> ﴾On les empêchera d'atteindre ce qu'ils désirent﴿
> *[Coran 34: 54]*

5- Leurs prétextes déterministes

Les Qadarites déterministes trouvent dans la Prédestination un prétexte pour abandonner le travail et cesser toute activité. Quand ils sont appelés à s'acquitter de leurs devoirs religieux, tels que la prière, le jeûne et la récitation du Saint Coran, ils disent: si Allah (﷾) veut que je fasse tout cela, je le ferai. Ils justifient, ainsi, l'injustice et la corruption et disent qu'il s'agit de l'accomplissement de la volonté d'Allah (﷾) devant laquelle ils ne peuvent rien faire. Cette doctrine a joué un grand rôle dans la propagation du faux et de la corruption dans les sociétés musulmanes.

Ce groupe de gens s'était totalement soumis aux injustes et avait même collaboré avec eux en disant aux gens qu'ils n'avaient de choix que la patience, car Allah (﷾) accomplit Sa Prédestination. Ils se sont aussi jetés dans la débauche et la profanation sous prétexte que leurs actes étaient prédestinés.

Ibn Al-Qayim rapporta des événements pathétiques sur ces gens qui ont totalement abandonné leur raison, voire leur humanisme, et se sont abaissés jusqu'à un niveau inférieur à celui des animaux. L'un d'eux vit une fois son esclave commettant la fornication avec sa servante, et quand il s'apprêta à les punir, l'esclave, sachant qu'il était déterministe, lui dit: c'est le Décret Divin et la Prédestination qui nous ont poussés à faire cela. L'homme répondit: ton savoir sur le Décret Divin et la Prédestination m'est plus cher que toute autre considération. Vas-y, tu es libre pour l'amour d'Allah (﷾)!

Un autre homme vit sa femme en plein délit de fornication. Il commença à la battre quand elle lui dit: c'est le Décret Divin et la Prédestination! Il répondit: ô ennemie d'Allah, tu commets l'adultère et tu justifies ton acte par la Prédestination? Elle dit: tu as donc abandonné la tradition et adopté la doctrine d'Ibn Abbas! Il se rendit compte de ce fait, jeta le fouet et lui demanda pardon en lui disant: sans toi, je serai égaré!

Un autre vit sa femme en train de forniquer avec un homme et lui demanda: que fais-tu?

- C'est la Prédestination d'Allah!, dit-elle.

- Il dit: le meilleur choix *(al-khîra)* se trouve dans ce qu'Allah a prédestiné... Et il fut surnommé ainsi: *al-khîra*!

La justification des actes par la volonté divine ouvre, ainsi, la voie au meurtre, à la corruption, à l'abus et à l'injustice. Tout délinquant justifiera, alors, ses actes criminels par la Prédestination. Les sages savent que ces arguments sont inacceptables. Autrement, la vie sera corrompue.

Tant de Qadarites déterministes se révoltent quand ils sont victimes d'injustice, mais n'acceptent pas que d'autres fassent de même quand ils sont eux-mêmes injustes envers eux.

La voie adoptée par nos savants est celle provenant de notre Seigneur et notre Prophète (ﷺ): nous devons croire en la Prédestination, mais il n'est pas permis de l'utiliser comme justification pour abandonner le travail ou désobéir aux commandements et aux interdits. La Prédestination justifie les épreuves et non les défauts.

Ibn Taymiya dit: face au Destin, l'homme se retrouve dans deux états.

Le premier intervient avant l'accomplissement du Destin et le deuxième, après.

Dans le premier cas, donc *a priori*, il doit demander l'aide d'Allah (تعالى) et avoir confiance en Lui (تعالى).

Dans le second, c'est-à-dire *a posteriori*, soit la Prédestination s'accomplit malgré lui, sans choix de sa part, et il doit alors faire preuve de patience et de satisfaction. Soit la Prédestination se réalise par son action, et il doit alors louer Allah (ﷻ) pour Son bienfait ou, s'il s'agit d'un péché, L'implorer de lui pardonner.

Quant à l'action proprement dite, l'homme est en face de deux états: l'état qui vient avant l'action, au cours duquel l'homme est appelé à manifester la volonté de se soumettre à son Seigneur et de demander Son aide. Après la réalisation de l'action, il doit demander le pardon d'Allah (ﷻ) pour tout manquement et Le remercier pour tout bienfait. Allah (ﷻ) dit:

> ﴾Endure donc, car la promesse d'Allah est vérité, et implore le pardon pour ton péché﴿ *[Coran 40: 55]*

Il dit (ﷻ) aussi:

> ﴾Mais si vous êtes endurants et pieux, voilà bien la meilleure résolution à prendre﴿ *[Coran 3: 186]*

Et Il dit (ﷻ):

> ﴾Quiconque craint et patiente, et très certainement Allah ne fait pas perdre la récompense des bienfaiteurs﴿ *[Coran 12: 90]*

Allah (ﷻ) nous ordonne ici d'endurer et de patienter devant les épreuves et de manifester la piété par l'abandon des actes interdits. Le Prophète (ﷺ) dit:

«Tiens à faire ce qui est utile, demande l'aide d'Allah et n'hésite pas. Si tu es éprouvé, ne dis pas: si seulement j'ai fait telle ou telle chose; mais dis: Allah a voulu et Allah fait ce qu'Il veut.» (Muslim)

Le serviteur croyant et conscient n'abandonne pas le travail sous prétexte qu'Allah (ﷻ) a décrété notre sort. Il est, alors, de notre devoir de manifester notre détermination à atteindre notre objectif, de réfléchir sur les moyens susceptibles de réaliser nos buts et de déployer nos efforts pour exécuter le Commandement d'Allah (ﷻ) en provoquant les causes pour réaliser ce qui nous est utile. Si nos efforts n'aboutissent pas, nous sommes tenus de ne pas nous livrer à la déception et au regret et se contenter de dire que c'est la volonté d'Allah (ﷻ).

La croyance en la Prédestination est le remède des problèmes psychologiques qui consomment l'énergie humaine dans le cas d'échec. Mais cette croyance ne doit pas servir de prétexte qui empêche le travail et la créativité.

L'usage infondé du Hadith sur le recours d'Adam à la Prédestination

Parmi les arguments mal utilisés à propos de la Prédestination, il y a l'usage du Hadith, rapporté par les *Sahih* et les *Sunan*, qui raconte qu'Adam (عليه السلام) et Moïse (عليه السلام) ont eu un argument et qu'Adam (عليه السلام) a justifié certains actes interdits par le destin.

Abou Horaïra (رضي الله عنه) rapporta que le Messager d'Allah (ﷺ) dit:

«Adam et Moïse eurent une discussion devant leur Seigneur et ce fut Adam qui eut le dessus dans l'argumentation.

- Moïse lui dit: tu es Adam qu'Allah a créé de Sa propre Main, souffla en toi de Son âme, ordonna à Ses Anges de se prosterner devant toi, t'accueillit dans Son Paradis, et à cause de ton péché les êtres humains ont été envoyés sur terre.

- Adam répliqua: tu es Moïse qu'Allah a choisi pour transmettre Son message et sa parole, Il t'a donné les Tablettes sur lesquelles tous les Commandements sont écrits, Il t'a rapproché de Lui, dis-moi depuis quand les prescriptions de la Torah furent créées par Allah avant ma création?

- Moïse répondit: quarante ans

- Adam demanda: as-tu trouvé dans la Torah qu'Adam a désobéi à son Seigneur?

- Oui.

- Me reproches-tu donc un acte qui m'a été écrit par Allah quarante ans avant ma création?»

Il n'y a cependant pas d'argument dans ce Hadith pour les Qadarites déterministes qui puisse servir de prétexte au péché: Adam (ﷺ) n'a pas justifié le péché par le Décret Divin et la Prédestination, et Moïse (ﷺ) n'a pas reproché à son père un péché dont il s'était repenti et qu'Allah (ﷻ) accepta. Le reproche de Moïse (ﷺ) concerne l'épreuve qui a fait sortir les 'fils' d'Adam (ﷺ) du Paradis.

Adam (ﷺ) argua que la Prédestination fut derrière l'épreuve et non le péché, car la Prédestination justifie les épreuves et non les défauts.

Le serviteur doit se soumettre à la Prédestination quand il est éprouvé:

﴿Qui disent lorsqu'un malheur les atteint: certes, nous sommes à Allah et c'est à Lui que nous retournerons﴾

[Coran 2: 156]

Les pécheurs, eux, ne peuvent justifier leurs actes par la Prédestination. Au contraire, leur seul devoir est de se repentir et d'implorer le pardon d'Allah (ﷻ):

﴿Endure donc, car la promesse d'Allah est vérité, implore le pardon pour ton péché﴾ *[Coran 40: 55]*

Il faut donc endurer dans le malheur et implorer le pardon pour les péchés *[commis].*

Allah (ﷻ) réprima Satan non pas parce qu'il a reconnu la Prédestination quand il dit:

﴿Ô mon Seigneur! Parce que Tu m'as induit en erreur﴾,

[Coran 15: 39]

mais parce qu'il a utilisé la Prédestination comme prétexte.

Ibn Al-Qayim répondit à cette confusion, découlant de l'argumentation d'Adam (عليه السلام) par la Prédestination, par une autre réponse. Il dit: l'usage de la Prédestination comme justification est utile dans certains cas et nuisible dans d'autres. Il est utile quand la personne reconnaît le sort après son accomplissement et à la suite de son repentir et de son engagement de ne plus récidiver, comme le fit Adam (عليه السلام). L'évocation de la Prédestination dans ce cas est une manifestation du monothéisme et une reconnaissance des attributs et des qualités du Seigneur. Une telle évocation est toujours utile à celui qui veut entendre, car il ne se justifie pas par la Prédestination pour échapper à un commandement, tomber dans l'interdit ou supprimer une règle religieuse. Au contraire, il évoque la Prédestination pour confirmer l'unicité d'Allah (سبحانه وتعالى) et l'impuissance de la créature.

Nous comprenons cela du discours d'Adam (عليه السلام) et de Moïse (عليه السلام), surtout quand le premier dit: me reproches-tu donc un acte qui m'a été écrit par Allah (سبحانه وتعالى) quarante ans avant ma création?

Quand le pécheur reconnaît son péché et implore le pardon de son créateur, l'affaire s'arrête là. Si quelqu'un lui reproche son péché, il a alors le droit de le justifier par la Prédestination en disant: c'est écrit avant même ma création. Dans ce cas, il ne repousse pas le sort et ne l'utilise pas pour justifier un acte interdit.

La justification des actes par la Prédestination devient nuisible quand la personne en fait usage pour justifier son comportement futur en se permettant de commettre les péchés ou négliger un devoir. Quand quelqu'un lui reproche sa conduite, il se justifie par la Prédestination pour pouvoir se comporter selon son désir sans égard pour les devoirs et les interdits, comme ceux qui justifient leur infidélité envers Allah (سبحانه وتعالى) par le destin.

Etre content du Sort, est-ce un devoir?

Si les péchés sont l'œuvre de la volonté divine, comment alors peut-on haïr le Décret Divin d'Allah (سبحانه وتعالى)? La réponse à cette présomption c'est qu'il n'y a pas dans le Saint Coran ou dans la Sunna un seul verset ou un Hadith qui commande aux gens de se contenter de leur sort, en bien ou en mal. Cependant, il est du devoir des gens de se contenter des commandements, car il n'est pas permis de se révolter contre l'ordre divin. Allah (ﷻ) dit:

> ﴾Non! Par ton Seigneur! Ils ne seront pas croyants tant qu'ils ne t'auront pas demandé de trancher leurs disputes et qu'ils n'auront éprouvé nulle angoisse pour ce que tu auras décidé, en se soumettant complètement *[à ta sentence]*﴿
>
> *[Coran 4: 65]*

Le serviteur d'Allah est tenu de manifester sa satisfaction de ce qu'Allah (ﷻ) lui a destiné comme épreuves et non comme péchés, notamment s'il est éprouvé par la pauvreté, la maladie, l'humiliation ou l'abus d'autrui. L'endurance et la patience sont un devoir et le contentement face à ce sort est permis. Cependant, est-il un devoir ou est-il acceptable? Il y a en fait deux avis sur cette question. Et la position établie par les savants sur le sujet est que le contentement est acceptable, mais il n'est pas un devoir.

6- La présomption que l'homme agit contrairement à ses réquisitions

Les partisans de cette doctrine prétendent aussi que les pécheurs et les *[gens]* désobéissants ne peuvent agir autrement, et les commander d'agir contrairement à leur conduite revient à les charger de faire ce qui leur est insupportable. Ils présument que même la religion a interdit cela et qu'Allah (ﷻ) dit:

> ﴾Allah n'impose à aucune âme une charge supérieure à sa capacité﴿ *[Coran 2: 286]*

Et Il dit (ﷻ):

> ﴾Allah n'impose à personne que selon ce qu'Il lui a donné﴿
>
> *[Coran 65: 7]*

Ils ont aussi justifié leur interprétation par le verset qui dit:

﴾Dont les yeux étaient couverts d'un voile qui les empêchait de penser à Moi, et ils ne pouvaient rien entendre non plus﴿ *[Coran 18: 101]*

Et le verset qui dit:

﴾Leur châtiment sera doublé. Ils étaient incapables d'entendre; ils ne voyaient pas non plus﴿ *[Coran 11: 20]*

Et le verset:

﴾Et Nous mettrons une barrière devant eux et une barrière derrière eux; Nous les recouvrirons d'un voile: et voilà qu'ils ne pourront rien voir﴿ *[Coran 36: 9]*

Ils disent que ces versets sont explicites sur le fait qu'ils sont incapables de suivre les réquisitions. Ces gens-là ont certainement utilisé les versets en dehors de leur contexte et d'une manière paradoxale, tout en prétendant qu'il y a de la contradiction dans le Saint Coran.

A ceux-là nous disons que la négation de la capacité citée dans les versets ci-dessus est différente de la capacité conditionnée par les commandements et les interdits, car si cette dernière est suspendue, les commandements seront par conséquent suspendus et il n'y aura ni commandement ni interdit, et, avec eux, toutes les actions divines-notamment la promesse et la mise en garde, la louange et le reproche, la récompense et le châtiment. Mais nous savons tous que les humains ont reçu des commandements, des interdits, des promesses et des avertissements et que l'homme sait très bien que l'incapacité est une qualité différente de la capacité conditionnée par le commandement et l'interdit.

L'incapacité citée dans les versets ci-dessus n'est pas causée par le fait qu'il est impossible d'exécuter l'acte ou par une certaine invalidité, mais par le fait qu'ils ont abandonné l'acte et adopté son opposé. L'incroyant a été chargé d'être croyant et la croyance n'est pas un acte impossible à réaliser. Ces gens là ressemblent à la personne qui ne peut pas apprendre parce qu'elle est trop occupée par son travail.

La capacité qui est sujet à négation est celle qu'Allah (ﷻ) a mentionnée dans le verset qui stipule:

> ﴾Et c'est un devoir envers Allah pour les gens qui ont les moyens d'aller faire le pèlerinage de la Maison﴿,
>
> *[Coran 3: 97]*

et dans le verset:

> ﴾Mais celui qui n'en trouve pas les moyens doit jeûner alors deux mois consécutifs avant d'avoir le moindre contact *[conjugal]* avec sa femme. Mais s'il ne peut le faire non plus, alors, qu'il donne à manger à soixante pauvres﴿
>
> *[Coran 58: 4]*

Et il y a ensuite le Hadith du Prophète (ﷺ) qui dit:

«Prie en position debout et si tu ne peux pas, prie en position assise. Si tu ne peux pas, alors prie en t'allongeant sur ton côté.»

Nous savons tous qu'Allah (ﷻ) ne charge pas une personne d'une tâche supérieure à sa capacité, surtout quand cette capacité est limitée par une cause quelconque, notamment l'invalidité. Le handicapé n'est pas tenu de faire sa prière en position debout, le malade n'est pas tenu de jeûner et l'aveugle n'est pas tenu de participer au Jihad, car ces actes sont supérieurs à leur capacité.

Les savants ont convenu que si la personne est incapable de faire un devoir, elle n'est pas tenue de le faire et la religion l'exempte de cette obligation: on ne peut pas demander à celui qui a perdu une jambe de la laver. Celui qui ne peut pas se laver, faire sa prière ou se prosterner est partiellement exempt d'accomplir ces devoirs. Ainsi, nous comprenons que l'incapacité citée dans les versets mentionnés par ce groupe n'est pas liée aux commandements et aux interdits, et tous les musulmans sont d'accord sur ce fait. La capacité dans la *chari'a* est celle qui concerne les commandements et les interdits que nous avons cités.

7- Leurs propos sur la conciliation des antagonismes

Les partisans de cette doctrine sont même allés jusqu'à dire qu'il est possible de concilier les opposés, c'est-à-dire entre les bienfaiteurs et les malfaiteurs, les bons et les méchants, ceux du Paradis et ceux de l'Enfer bien qu'Allah (ﷻ) ait bien séparé ces opposés:

> ﴾Traiterons-Nous ceux qui croient et accomplissent les bonnes œuvres comme ceux qui commettent du désordre sur terre? Ou traiterons-Nous les *[croyants]* pieux comme les pervers?﴿ *[Coran 38: 28]*

> ﴾Ceux qui commettent des mauvaises actions comptent-ils que Nous allons les traiter comme ceux qui croient et accomplissent les bonnes œuvres, dans leur vie et dans leur mort? Comme ils jugent mal!﴿ *[Coran 45: 21]*

> ﴾Traiterons-Nous les soumis *[à Allah]* de la même manière que les criminels? Qu'avez-vous? Comment jugez-vous?﴿ *[Coran 68: 35]*

SECTION 3

LA DOCTRINE SUNNITE SUR LA PREDESTINATION

Dans les chapitres précédents, nous avons passé en revue les doctrines qadarites de ceux qui se sont égarés et perdu le chemin. Dans les pages suivantes, nous allons résumer la doctrine des Sunnites. Cette doctrine a été expliquée par plusieurs érudits et autorités de l'Islam, mais je me contenterai ici de trois d'entre eux:

1- Ibn Taymiya résume leur doctrine

Ibn Taymiya (qu'Allah l'ait en Sa miséricorde) dit à propos des Sunnites: la doctrine des Sunnites et de la majorité des musulmans à ce propos découle du Livre Saint et de la Sunna du Prophète (ﷺ). Ce fut la même position des premiers musulmans, qu'ils soient *Mouhajirine* (premiers Emigrés de La Mecque vers Médine) ou *Ansar* (Partisans du Prophète originaires de Médine) et aussi la doctrine de la génération d'après: Allah (سبحانه وتعالى) est le créateur de tout et le Souverain de tout, et ce *«tout»* englobe toute chose qui existe soit en tant qu'entité ou par sa qualité. Il comprend aussi les actes des être humains et de toutes autres créatures.

Quand le Tout-Puissant (سبحانه وتعالى) veut une chose, elle est; et quand Il (سبحانه وتعالى) ne veut pas une chose, elle n'est pas. Rien n'existe sans la volonté et l'omnipotence divines et rien n'est impossible à Allah (سبحانه وتعالى), car il est le Tout-Puissant et sa puissance est absolue. Sa volonté est liée à Son omnipotence.

Le Tout-Puissant (سبحانه وتعالى) a la connaissance de ce qui fut, de ce qui sera; de ce qui ne fut pas et de ce qui ne sera pas. Son Savoir embrasse aussi les actes humains et toute autre chose. Allah (سبحانه وتعالى) décréta les sorts de Ses créatures avant leur création. Il (سبحانه وتعالى) décréta et écrit leur vie, leur mort, leur subsistance et leurs œuvres. Il définit aussi leur sort final que ce soit un sort heureux ou malheureux.

Ces créatures ont la foi qu'Il (ﷻ) a crée tout, que Son omnipotence englobe tout, Sa volonté est absolue et Son Savoir embrasse les choses avant même qu'elles ne soient créées. Ils croient aussi à Sa Prédestination et qu'Il (ﷻ) écrit le sort de chaque chose avant sa création.

Les Ancêtres de la Nation et ses savants sont d'accord que les êtres humains sont tenus de suivre les Commandements de leur Seigneur et de s'abstenir des actes interdits. Ils sont aussi d'accord sur la nécessité de croire aux promesses et aux mises en garde d'Allah (ﷻ) contenues dans Son Livre et dans la Sunna.

Ils ont aussi convenu du fait que l'être humain est trop inférieur pour qu'il décrète les commandements à abandonner et les interdits à suivre, car les Commandements et les Interdits sont le domaine exclusif du Tout-Puissant.

Les ancêtres de la Nation et ses savants sont aussi d'accord que les êtres humains sont tenus d'avoir la foi absolue qu'Allah (ﷻ) est le créateur de tout et qu'Il (ﷻ) a l'omnipotence de ce qui fut, ce qui sera; de ce qui ne fut pas et de ce qui ne sera pas, qu'Allah égare ceux qu'Il veut et guide ceux qu'Il veut, et que les humains ont une volonté et un pouvoir - tout tout en agissant selon la portée, en matière de volonté et de pouvoir, déterminée par Allah (ﷻ) - car les serviteurs ne veulent que lorsque Allah (ﷻ) veut, *conclut Ibn Taymiya.*

2- La doctrine d'Abou Bakr Al-Âjourri sur la Prédestination

Al-Âjourri (qu'Allah l'ait en Sa miséricorde) dit: notre doctrine sur la Prédestination repose sur le fait qu'Allah (ﷻ) créa le Paradis et l'Enfer et créa pour chacun des habitants; le Tout-Puissant jura par Sa gloire qu'il remplira l'Enfer autant que le Paradis de tous les êtres humains.

Ensuite, Il créa Adam (عليه السلام) et tira sa descendance de ses reins; Il (تعالى) divisa cette descendance en deux groupes: l'un pour le Paradis et l'autre pour l'Enfer.

Il créa Satan et lui ordonna de se prosterner devant Adam (عليه السلام) tout en sachant qu'il ne le ferait pas, car cela était son Destin et le Savoir divin précéda le sort. Satan ne s'opposa pas à Son Créateur, mais accomplit la Prédestination écrite auparavant, car Allah (تعالى) fait ce qu'Il veut avec Ses créatures et c'est dans Sa Prédestination que se manifeste Sa Justice.

Il créa Adam et Eve (paix sur eux) et les destina pour la terre, Il les hébergea dans le Paradis et leur demanda de manger de tous ses bienfaits en leur interdisant de s'approcher d'un arbre. La Prédestination s'accomplit et ils désobéirent à l'ordre divin en mangeant de l'arbre interdit. Allah (تعالى) leur interdit dans l'apparence de manger de l'arbre, mais avait le savoir qu'il leur était écrit d'en manger:

﴿Il n'est pas interrogé sur ce qu'Il fait, mais ce sont eux qui devront rendre compte *[de leurs actes]*﴾ *[Coran 21: 23]*

Ils devaient manger de l'arbre, cause de la désobéissance et cause de leur sortie du Paradis, car ils étaient destinés pour la terre et Allah (تعالى) allait pardonner leur péché. Allah (تعالى) a donc le Savoir et l'Omniscience préalable de tout ce qui se produit et sur toutes Ses créatures.

Et tout en faisant partie de Son Savoir, rien ne se produit dans Sa Créature sans que cela procède de Sa Prédestination, avant même qu'il n'ait lieu.

Allah (تعالى) créa les créatures selon Sa volonté et pour le sort qu'Il (تعالى) a tracé. Il (تعالى) a fait d'elles des êtres heureux et des malheureux avant même qu'elles n'arrivent dans ce monde, Il a décrété, alors qu'elles étaient fœtus, leur vie, leur subsistance, leurs œuvres et leur sort final, puis Il les a fait sortir dans le monde où elles existent. Chaque personne agit donc vers le but pour lequel elle a été créée.

Ensuite, Il (ﷻ) envoya Ses Messagers, leur révéla Ses prescriptions et leur ordonna de livrer le Message aux hommes. Les Messagers délivrèrent le Message divin et conseillèrent à leurs peuples de se soumettre à la volonté divine. Mais Allah (ﷻ) a voulu qu'un groupe croie et qu'un autre ne croie pas. Le Tout-Puissant dit:

﴿C'est Lui qui vous a créés. Parmi vous *[il y a]* mécréant et croyant. Allah observe parfaitement ce que vous faites﴾ *[Coran 64: 2]*

Allah (ﷻ) a donc aimé ceux qu'Il veut parmi Ses serviteurs et leur a pavé la voie vers la foi et l'Islam; il a détesté un autre groupe et a scellé leurs cœurs, leurs vues et leurs ouïes et ne trouveront jamais le droit chemin, car Il égare ceux qu'Il veut et guide ceux qu'Il veut:

﴿Il n'est pas interrogé sur ce qu'Il fait, mais ce sont eux qui devront rendre compte *[de leurs actes]*﴾ *[Coran 21: 23]*

Allah (ﷻ) fait ce qu'Il veut avec Ses créatures sans injustice, car Il est au-dessus de l'injustice. L'injuste est celui qui accapare ce qui ne lui appartient pas et notre Seigneur est le Souverain de tout ce qui existe dans les cieux, sur terre et entre eux. C'est à Lui que revient la vie ici-bas et l'Au-delà, Glorifié soit-Il! Il (ﷻ) aime l'obéissance de Ses serviteurs desquels Il a exigé la soumission. Ceux qui ont suivi Ses Commandements ont reçu Sa bénédiction préalable qui les a guidés vers la bonne voie. Allah (ﷻ) nous a interdit de commettre les péchés, qu'il créa sans les aimer, non pas dans le seul but de les ordonner, car Allah (ﷻ) est plus sublime pour qu'Il commande la débauche ou l'aimer. Le Royaume d'Allah (ﷻ) ne contient que ce qui découle de Sa volonté et de Son savoir absolus. Il sait ce que les créateurs feront avant et après leur création et avant l'accomplissement de la Prédestination divine.

Tout est écrit sur la «Tablette préservée», que ce soit en bien ou en mal. Cependant, Allah (ﷻ) loue ceux qui Lui obéissent et suivent le droit chemin et ajoute leurs bonnes œuvres à leur registre et leur promet la grande récompense. Et sans l'aide d'Allah (ﷻ), ils n'auraient pas réussi à suivre les Commandements:

> ﴾Telle est la grâce d'Allah qu'Il donne à qui Il veut. Et Allah est le Détenteur de l'énorme grâce﴿ *[Coran 57: 21]*

D'autres sont dénigrés par Allah (ﷻ) pour leur désobéissance et Il (ﷻ) les a mis en garde contre leurs actes. Leurs œuvres seront ajoutées également à leur registre. Telles sont la Volonté et la Prédestination d'Allah (ﷻ) et Lui seul égare qui Il veut et guide qui Il veut. Et Mohammed Ibn Al-Hussein de conclure: telle est notre doctrine à propos de la Prédestination.

3- La doctrine de Tahawi sur la Prédestination

Tahawi (qu'Allah l'ait en Sa miséricorde) dit: Allah (ﷻ) a créé les créatures par Son omniscience et leur a décrété des sorts et des délais, rien n'était invisible à Son savoir avant la création. Allah (ﷻ) fut omniscient de leurs actes et leurs œuvres avant de les créer. Il leur a ordonné de Lui obéir et leur a interdit de Lui désobéir.

Toute chose se produit par Sa volonté et Son décret et les créatures n'ont de volonté que celle permise par la Sienne. Tout ce qu'Allah (ﷻ) veut est; et tout ce qu'Il ne veut pas n'est pas.

Il (ﷻ) guide celui qu'Il veut, l'immunise et le guérit et égare celui qu'Il veut, l'abandonne et l'éprouve en toute justice.

Toute chose est contenue par la volonté, le bienfait et la justice divins. Allah (ﷻ) est au-dessus des opposés et des antagonistes, Sa

Prédestination est irrévocable, Son jugement est sans appel et Son décret n'est point primé.

Nous avons la croyance absolue à ces vérités et nous sommes certains que tout Lui (ﷻ) revient.

Allah (ﷻ) sut et sait jusqu'à l'éternité le nombre de ceux qui iront au Paradis et de ceux qui iront en Enfer, ce nombre ne sera ni réduit ni augmenté.

Il (ﷻ) embrasse aussi la connaissance absolue des actes de Ses créatures, y compris ceux qui ne se sont pas encore produits. Et chaque chose est aisément orientée vers le but pour lequel elle a été créée. Nous savons que seuls les derniers actes comptent: l'heureux est celui qui vit dans le bonheur destiné par Allah (ﷻ) et le malheureux est celui qui vit dans la misère décrétée par Allah (ﷻ).

La Prédestination est le Secret divin contenu dans Ses créatures qu'Il n'a révélé à personne, que ce soit un proche Ange ou un Messager. L'étude approfondie de cette question est un prétexte de l'abandon, une voie vers le désarroi, la privation et l'injustice. Il faut faire très attention en s'approchant du sujet de la Prédestination, car Allah (ﷻ) a occulté ses secrets à ses créatures et leur a interdit méditer là-dessus. Il (ﷻ) dit:

﴾Il n'est pas interrogé sur ce qu'Il fait, mais ce sont eux qui devront rendre compte *[de leurs actes]*﴿ *[Coran 21: 23]*

Celui qui s'interroge sur le pourquoi de l'acte divin, il conteste en vérité les Révélations du Livre, et celui qui conteste le Livre est un mécréant.

Les illuminés par la lumière du savoir divin sont proches d'Allah (ﷻ) et s'arrêtent toujours à la limite du savoir humain. Il existe deux catégories de savoir: un savoir visible des créatures et un savoir invisible. Celui qui nie le savoir visible est un mécréant et celui qui prétend avoir le savoir invisible est un mécréant aussi. La foi n'est prouvée que par l'acceptation du savoir visible et l'abandon du savoir invisible.

Nous croyons aussi dans la "Tablette" et la "Plume" et tout ce que la première contient sur la Prédestination des choses. Si les créatures se sont toutes réunies pour rendre l'existence au néant, elles ne réussiront jamais à le faire et si elles se rassemblent et joignent leurs efforts pour faire exister ce qu'Allah (ﷻ) n'a pas décrété, elles ne pourront pas le faire. La "Plume" a séché avant qu'elle ne puisse écrire tout ce qui existe jusqu'au Jour de la Résurrection. Ce qui te touche ne devait pas te manquer et ce qui t'a manqué ne devait pas te toucher.

L'homme sait qu'Allah (ﷻ) a l'omniscience préalable de toute existence et qu'il a décrété cette existence de la manière la plus parfaite, sans excès et sans défaut. Ce fait est l'un des piliers de la foi, l'origine du savoir. Et la reconnaissance de ce fait constitue la reconnaissance de l'unicité et la divinité d'Allah (ﷻ). Il (ﷻ) dit:

﴿Et qui a créé toute chose en lui donnant ses justes proportions﴾ *[Coran 25: 2]*

Et Il dit (ﷻ):

﴿Le Commandement d'Allah est un décret inéluctable﴾ *[Coran 33: 38]*

Malheur donc à celui qui s'oppose à Allah (ﷻ) sur la question de la Prédestination et qui ne cesse de réfléchir sur le sujet, car il cherche l'illusion en tentant de comprendre l'occulte et l'invisible. Il ne récoltera que les illusions et les péchés.

CHAPITRE VI

INTERPRETATION ERRONEE DE LA PREDESTINATION: LES CAUSES

La cause de l'erreur et de l'égarement des Qadarites, négateurs et déterministes, réside dans le fait que chacun des deux groupes a vu une partie de la vérité sans pouvoir en distinguer l'autre. Ils ressemblent au borgne qui ne voit que le côté de son œil sain. Les Qadarites négateurs ont nié la Prédestination en disant qu'Allah (تعالى) ne veut pas l'incroyance, les péchés et la délinquance. Il (تعالى) n'aime pas ces mauvaises caractéristiques et n'accepte pas que Ses serviteurs en soient entachés.

Les Qadarites déterministes, eux, disent par contre qu'Allah (تعالى) a créé toute chose et ils ont prétendu qu'Il aime et accepte tout ce qu'Il a créé, - fût-ce un bien ou un mal.

Les Sunnites et la majorité des savants ont perçu la vérité dans sa totalité: ils ont alors cru dans tout ce qui est véridique de chaque groupe et rejeté le faux.

Ils disent: Allah (تعالى) n'aime pas la désobéissance et les péchés, même s'Il (تعالى) les a décrétés. Au contraire, Il (تعالى) ne les accepte pas, ne les commande pas et interdit à Ses serviteurs de les suivre.

Telle est la doctrine du *Salaf* (les premières Générations). Ils sont tous unanimes qu'il suffit pour qu'Allah (تعالى) veuille une chose pour qu'elle soit et de ne pas la vouloir pour qu'elle ne soit pas. Ainsi les savants sont-ils d'accord que si quelqu'un jure par Allah de faire quelque chose avec la volonté d'Allah (تعالى) et faille à sa promesse n'a pas parjuré bien que la promesse soit un devoir.

Les chercheurs sunnites disent: la *volonté* dans le Livre d'Allah (تعالى) a *deux aspects*: une volonté *religieuse ou "légale"* et une volonté *qadarite cosmique.*

La volonté religieuse ou "légale" est celle comprise dans l'acceptation alors que la volonté universelle est celle qui englobe toute existence.

Allah (تعالى) dit à propos de la volonté "légale":

﴿Allah veut pour vous la facilité, Il ne veut pas la difficulté pour vous﴾ *[Coran 2: 185]*

Et Il dit (تعالى):

﴿Allah ne veut pas vous imposer quelque gêne, mais Il veut vous purifier et parfaire sur vous Son bienfait﴾ *[Coran 5: 6]*

Et Il dit (تعالى):

﴿Allah veut vous éclairer, vous montrer les voies des hommes d'avant vous, et aussi accueillir votre repentir. Et Allah est Omniscient et Sage. Et Allah veut accueillir votre repentir. Mais ceux qui suivent les passions veulent que vous vous incliniez grandement *[vers l'erreur comme ils le font]*. Allah veut vous alléger *[les obligations]* car l'homme a été créé faible﴾ *[Coran 4: 26-28]*

Et Il dit (سبحانه وتعالى) aussi:

> ﴿Allah ne veut que vous débarrasser de toute souillure, ô gens de la Maison *[du Prophète]*, et veut vous purifier pleinement﴾ *[Coran 33: 33]*

Ce genre de volonté n'exige pas la réalisation de ce qui est Voulu à moins qu'il ne soit lié avec l'autre genre. Cette volonté démontre clairement qu'Allah (سبحانه وتعالى) n'aime pas la désobéissance, les péchés, l'égarement et l'incroyance. Il ne commande jamais ces vilaines qualités et interdit catégoriquement qu'on se comporte ainsi, bien que ce soit Lui (سبحانه وتعالى) qui les a créées.

Par contre, Allah (سبحانه وتعالى) aime tout ce qui a trait à la Religion et récompense ceux qui la suivent en les faisant entrer au Paradis et les combler de bonheur dans la vie terrestre et dans l'Au-delà.

Cette volonté comprend toutes les manifestations de l'obéissance qui ont eu lieu et celles qui ne se sont pas encore produites.

Quant à la volonté universelle, c'est une volonté qui englobe toutes les créatures, celle de l'omniscience absolue selon laquelle quand Allah veut une chose, elle est; et quand Il ne la veut pas, elle n'est pas. Cette volonté a été expliquée dans les versets coraniques dont voici quelques exemples:

> ﴿A celui qu'Il veut diriger dans Sa Voie, Allah ouvre la poitrine à l'Islam. Et à celui qu'Il veut égarer, Il rend la poitrine étroite et gênée﴾ *[Coran 6: 125]*

Et le verset qui dit:

> ﴿Et mon conseil ne vous profiterait pas - au cas où je voulais vous conseiller - si *[déjà]* Allah avait décidé de vous égarer﴾ *[Coran 11: 34]*

Aussi, dans le verset:

> ﴾Et si Allah avait voulu, les gens qui vinrent après eux ne se seraient pas entre-tués, mais Allah fait ce qu'Il veut﴿
>
> *[Coran 2: 253]*

Et le verset qui dit:

> ﴾En entrant dans ton jardin, que ne dis-tu: telle est la volonté *[et la grâce]* d'Allah! Il n'y a de puissance que par Allah. Si tu me vois moins pourvu que toi en biens et en enfants﴿
>
> *[Coran 18: 39]*

Cette volonté est une volonté universelle et absolue et aucune créature ne lui échappe. Tous les événements cosmiques sont contenus dans la Volonté et la Prédestination d'Allah (ﷻ). Cette volonté est le dénominateur commun du croyant et du mécréant, du bienfaiteur et du malfaiteur, de l'habitant du Paradis et de celui de l'Enfer, ceux qui obéissent à leur Seigneur qui ont remporté Son amour et celui de Ses Anges, et ceux qui désobéissent à leur Seigneur, qui ont récolté Sa colère, Sa haine et Sa malédiction.

Cette volonté comprend aussi toutes les manifestations de l'obéissance et de la désobéissance, mais n'inclut pas celles qui ne sont pas encore produites.

Avec les deux genres de volonté, les créatures se composent de quatre catégories:

La première: c'est la création liée aux deux volontés, c'est-à-dire les bonnes œuvres ayant lieu dans l'existence, car Allah (ﷻ) les a voulues d'une volonté religieuse et "légale'' et les a par conséquent aimées, acceptées et ordonnées. Allah (ﷻ) les a aussi voulues d'une volonté universelle, ce qui a provoqué leur existence, car sans cette dernière volonté, elles n'auraient pas existé.

La deuxième: c'est la création liée à la seule volonté religieuse. Il s'agit de tous les actes convenables qu'Allah (ﷻ) a ordonnés; les mécréants et les infidèles lui ont désobéi, car Allah (ﷻ) a voulu ces actes d'une volonté religieuse et les a par conséquent aimés et acceptés, qu'ils se produisent ou non.

La troisième: les choses liées à la seule volonté universelle. Il s'agit de tous les événements décrétés et prédestinés par Allah (ﷻ), qu'Il n'a pas ordonnés, tels que les choses permises et les péchés. Allah (ﷻ) n'aime pas ces choses-là, ne les accepte pas et ne les ordonne pas. Allah (ﷻ) n'ordonne pas la débauche et n'accepte pas que Ses serviteurs soient des mécréants, et sans Sa volonté, Sa Prédestination et Sa création, ils n'auraient pas existé.

La quatrième: tout ce qui n'est pas lié à aucune des deux volontés. Et il s'agit là du néant et de tout ce qui n'a pas eu lieu comme actes licites et illicites.

L'heureux parmi les serviteurs d'Allah est donc celui qui est comblé de la réunion des deux volontés, celle de la Prédestination et celle de la Religion - bien suivie. Et le malheureux est celui qui se retrouve devant le contraire.

Les gens de la *Sunna et de la Jama'a*, qui ont si bien assimilé leur Religion et interprété le Coran selon l'entendement voulu par Allah (ﷻ), savent que les Commandements d'Allah relatifs à Sa création se produisent conformément à ces deux volontés. Celui qui voit les actes humains de cet œil est clairvoyant, et celui qui entend la Religion sans la Prédestination ou la Prédestination sans la Religion est un borgne, telle la tribu de Qoraïch qui disait:

> ﴾Si Allah avait voulu, nous ne Lui aurions pas donné des associés, nos ancêtres non plus et nous n'aurions *[mensongèrement]* rien déclaré d'illicite﴿ *[Coran 6: 148]*

Allah (ﷻ) dit aussi:

﴾Ainsi leurs prédécesseurs traitaient de menteurs *[les Messagers]* jusqu'à ce qu'ils eussent goûté Notre rigueur. Dis: avez-vous quelque science à nous produire? Vous ne suivez que la conjecture et vous ne faites que mentir.﴿

[Coran 6: 148]

CHAPITRE VII

LES FRUITS DE LA CROYANCE EN LA PREDESTINATION

Nous avons démontré que la foi en la Prédestination telle que révélée par l'Islam est dénudée de l'inaction, de la passivité et de l'apathie qui avaient atteint un important secteur de la nation musulmane à travers les époques, au nom de la croyance en la Prédestination. Le responsable de cet état de choses fut la déviation des musulmans des vrais préceptes de la religion sur cette question.

En méditant la doctrine de l'Islam en matière de Prédestination, nous trouvons que ses fruits sont innombrables, qu'ils furent et sont toujours dans l'intérêt de l'individu et de la nation. Dans les lignes suivantes, nous allons passer en revue les fruits provenant de cette foi:

1- La croyance en la Prédestination est la voie du monothéisme

Plusieurs philosophes ont prétendu que le bien est la création d'Allah (ﷻ), alors que le mal serait la création d'autres divinités. Cette présomption a été motivée par le fait qu'ils ne veulent pas attribuer le mal à Allah (ﷻ) le Tout-Puissant.

Les mazdéens ont pour leur part prétendu que la lumière est la créatrice du bien et que les ténèbres sont les créatrices du mal.

Ceux de notre nation qui ont prétendu qu'Allah (ﷻ) n'a pas créé les actes humains ou qu'Il n'a pas créé le mal ont en fait confirmé l'existence d'autres créateurs autres qu'Allah (ﷻ).

L'unicité d'Allah (ﷻ) ne se réalise que par l'affirmation qu'Allah (ﷻ) créa à Lui seul toute chose existante dans l'univers, et que Sa volonté s'accomplit dans toutes Ses créatures: ce qu'Il veut est, et ce qu'Il ne veut pas n'est pas. Tous les négateurs de la Prédestination n'ont pas été monothéistes et n'ont pas reconnu leur Seigneur à Sa juste valeur. La croyance en la Prédestination est un croisement de voies entre le monothéisme et le polythéisme. Le croyant reconnaît que cet univers et son contenu proviennent d'un Seul Dieu, le Seul qui soit adoré. Celui qui n'a pas cette croyance associe d'autres divinités à Allah (ﷻ).

2- La droiture sur la même voie, dans l'aisance et la difficulté

Avec toute leur imperfection et leurs faiblesses, les êtres humains ne peuvent pas emprunter sans déviation la même voie. Allah (ﷻ) dit:

﴿Oui, l'homme a été créé inconstant: tourmenté quand un malheur l'atteint, et accapareur quand un bonheur l'atteint. Sauf ceux qui pratiquent la prière...﴾ *[Coran 70: 19]*

La croyance en la Prédestination mène l'homme sur la même voie sans déviation pendant toute sa vie, et ni le bienfait ni le malheur ne le poussent à abandonner cette voie. Il sait que tous les bienfaits et toutes les récompenses viennent d'Allah (ﷻ) et ne sont guère le fruit de son intelligence et de sa bonne gestion:

﴿Et tout ce que vous avez comme bienfait provient d'Allah﴾ *[Coran 16: 53]*

L'homme ne doit pas se comporter comme Crésus qui fut injuste envers son peuple et les soumit à sa volonté du fait de la richesse dont Allah (ﷻ) l'avait comblé.

> ﴾En vérité, Coré *[Qâroûn]* était du peuple de Moïse, mais il était empli de violence envers eux. Nous lui avions donné des trésors dont les clefs pesaient lourd à toute une bande de gens forts. Son peuple lui dit: ne te réjouis point. Car Allah n'aime pas les *[gens]* arrogants. Et recherche, à travers ce qu'Allah t'a donné, le Séjour éternel. Et n'oublie pas ta part en cette vie. Et sois bienfaisant comme Allah a été bienfaisant envers toi. Et ne recherche pas la corruption sur terre. Car Allah n'aime point les corrupteurs. Il dit: c'est par une science que je possède que ceci m'est venu﴿
>
> *[Coran 28: 76-78]*

Quand, par contre, l'homme est atteint par un malheur, il sait qu'il s'agit d'une épreuve d'Allah (ﷻ) et ne doit ni paniquer ni désespérer et doit s'armer d'endurance et de patience. Ainsi son âme sera comblée de quiétude et de sérénité:

> ﴾Nul malheur n'atteint la terre ni vos personnes, qui ne soit enregistré dans un Livre avant que Nous ne l'ayons créé; et cela est certes facile à Allah, afin que vous ne vous tourmentiez pas au sujet de ce qui vous a échappé, ni n'exultiez pour ce qu'Il vous a donné﴿ *[Coran 57: 22]*

Allah (ﷻ) rend hommage à Ses serviteurs:

> ﴾Qui disent, quand un malheur les atteint: certes nous sommes à Allah, et c'est à Lui que nous retournerons. Ceux-là reçoivent des bénédictions de leur Seigneur, ainsi que la miséricorde; et ceux-là sont les *[croyants]* biens guidés﴿
>
> *[Coran 2: 156]*

3- Le croyant en la Prédestination est toujours prudent

Ceux qui croient en la Prédestination sont toujours prudents:

﴾Sont-ils à l'abri du stratagème d'Allah? Seuls les gens perdus se sentent à l'abri du stratagème d'Allah﴿

[Coran 7: 99]

Les cœurs des hommes sont exposés au changement et aux effets externes, et ces cœurs se trouvent entre deux Doigts du Miséricordieux qui les retourne à volonté. Les séductions qui visent les cœurs sont multiples et le croyant est toujours prudent et vigilant devant les celles qui peuvent le dévier de sa juste voie et l'amener à parachever sa droiture par l'aberration. Sa croyance en la Prédestination ne le pousse pas à la négligence et la passivité. Au contraire, il est toujours motivé à défendre et préserver sa droiture, multiplier ses bonnes œuvres et éviter les péchés.

Le cœur du serviteur doit rester suspendu à son Créateur, en L'implorant et en Lui demandant l'aide dans toutes ses affaires, afin de demeurer sur la juste voie, la voie des sages et de ceux qui ont remporté la satisfaction d'Allah (ﷻ).

4- Confronter difficultés et dangers avec détermination: un devoir

Quand l'homme a la foi dans la Prédestination d'Allah (ﷻ) et croit que tout ce qui lui arrive est écrit par son Créateur, il confronte toutes les difficultés et les dangers sans la moindre hésitation et en toute dignité. Cette foi fut la force motrice des combattants pour la cause d'Allah (ﷻ) qui livraient bataille aux ennemis sans aucune peur. Chacun cherchait en soi la mort pour cette cause et se jetait dans le danger sans égard pour les risques ni pour la mort. Il arrivait que ce même combattant atteigne l'âge où la mort vint le chercher sur son lit. Il pleurait de regret de ne pouvoir tomber en martyr sur le champ de bataille.

Cette même foi fut le facteur déterminant qui incita les croyants à confronter les tyrans et les injustes. Ils ne craignaient que leur Créateur, car ils savaient que tout était décrété par Lui.

Ils n'avaient pas peur de dire la vérité, quitte à perdre leurs moyens de subsistance, car celle-ci est écrite par Allah (سبحانه وتعالى) et l'homme ne reçoit que ce qu'Allah (سبحانه وتعالى) a décrété pour lui et personne ne peut priver un homme de ce qu'Allah (سبحانه وتعالى) lui a donné ou lui donner ce qu'Allah (سبحانه وتعالى) lui a retiré.

TABLE DES MATIERES